I0369887

www.ingramcontent.com/pod-product-compliance
Lightning Source LLC
Chambersburg PA
CBHW021101080526
44587CB00010B/336
* 9 7 8 1 7 3 8 1 0 1 1 3 9 *

ضرر در زر

- حسیب احراری -

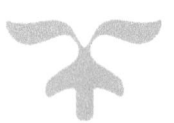

Barmakids Press, Toronto Canada.

www.Barmakids.com
info@barmakids.com
Copyright © 2023 by Barmakids Press
ISBN: 978-1-7381011-3-9
(Paperback, Black & White)

All rights reserved. No part of this book may be reproduced, stored in a retrieval system or transmitted in any form or by any means — electronic, mechanical, photocopying, and recording or otherwise — without the prior written permission of the author or the publisher, except for brief passages quoted by a reviewer in a newspaper or magazine. To perform any of the above is an infringement of copyright law.
Cover Design by Dimitri Viento.

Available from major online stores

شناسه کتاب

نام کتاب: ضرر در زر
شاعر و ویراستار: حسیب احراری
ناشر: انتشارات برمکیان
سال چاپ: ۲۰۲۳ میلادی

حقوق تألیف و چاپ این کتاب محفوظ و نقل مطالب آن به هر عنوان و ترتیب بدون اجازهٔ کتبی نویسنده و یا ناشر ممنوع است.

نیست جز از خالق عشق

خدای را سخن همین باشد و عنایت چنین که آنی چون و چرا کرد بماند، وآن که هیچ نگفت و رفت ره دید! آن به غضب ما نایل آید و این ز رحمت ما به کمال.

فهرست

یادداشت ۱

ریختی از کوزه‌ی زندگی ۵

نگاشتی بر کیستی شاعر و چیستی شعر و گام نیمه‌ی نقد ۱۱

اشک ریختم می‌شنیدم گریه‌های آب را ۱۹

چه سازم این سیاهی را غم بی‌آفتابی را ۲۰

یک کوزه خاک گیرم، یک کوزه آب سرد ۲۱

بیا دوری کنیم از مردم ناپاک این دنیا ۲۲

تا قلم در دست می‌گیرم سخن گم می‌کنم ۲۳

های باران تشنه‌ام آشفته‌ام دردآورم ۲۵

مثل کوهی که رها کرده خدا تنهایش ۲۶

زندگی زنگ زمان است تکانش بدهید ۲۷

همه رنگ‌رنگ‌رنگ است وطنی که من در آنم ۲۸

ترک تاج و تاجری گویم نه ترک تاجیکی ۳۰

چه از سیاهی‌وظلمت انتظاری هست ۳۱

قطره قطره آب دریا می‌شود ۳۳

کیستم من کشور افتیده‌ی از بوم و بر ۳۴

نور دیده‌ام بلخ و چهره‌ام شبرغانی ۳۵

دلم را برده طرز خنده‌های دختر تاجیک ۳۶

زاده‌ی پنجشیر و پامیر بدخشانم هنوز ۳۷

آسمان باشی و نورت را بدزدند سخت نیست؟ ۳۹

شیون من نه از آن است که آشفته تنم ۴۱

مُرده‌ها زنده شوید که زنده‌ها مُرده همه ۴۲

ماهی به قلاب افتید دریا نگفت حرفی ۴۳

چه عجب نشسته در دل غم بی‌حیایت امشب ۴۴

پر شد انبار جهان از زوزه‌ی بیدادگر ۴۵

چرا از سنگ می‌پرسی دلِ در دامِ داغی را	۴۷
سر تهی سودا تهی ساغر تهی مینا تهی	۴۸
آنچه را در طلب یار فنایش کردیم	۴۹
خراب و خسته‌تن کردی دریغا نوجوانی را	۵۰
از من جهان کهنه‌ای در دست مانده است	۵۱
تو نبودی و ببینی که نبودنت غمی داشت	۵۲
نشناسم از تو بهتر که تو آشناترینی	۵۳
تفنگ است، آتش و دود است، طوفان است	۵۴
رنج و شکنجه است، عذاب و جهنم است	۵۵
سراینده می‌شم می‌بینمت من	۵۶
من موج بی‌کرانه‌ی دریاستم مگر	۵۷
به باغ آرزو جز سرو سیمای تو ننشانم	۵۸
خدا می‌داند از من بعد مُردن یاد می‌ماند نمی‌ماند	۵۹
غمی می‌روید و دردا بنی‌آدم حواسش نیست	۶۰
صدایم بشکن اما گلویم را چه خواهی کرد	۶۱
چرا این کوچه‌ها از تابش مهتاب می‌ترسند	۶۲
کوه غم در دل و در دیده دو دریا دارم	۶۳
ما به قانون گیاه گه گاه پی می‌بریم	۶۴
باغ عاشق شب عاشق ماه عاشق می‌شود	۶۶
با تو موجی‌ست که دریا نتواند حملش	۶۷
نمی‌دانم چرا این دیررشدن‌ها زود می‌آید	۶۸
شب نمی‌شد چیره این‌سان در کران روشنی	۶۹
باش تا دنیا شود زیبا و کوری گم شود	۷۰
خنده می‌کردی دلم را از برم انداختی	۷۲
نخور ته‌مانده‌های ساغر شیخ سبک‌سر را	۷۳

به طرز شیخ می‌جستم به چشم سر خدا را من	74
رونق شام شده‌ی صبحک نو رسته برو	75
ما مردم سردرگم دنیا و زمانیم	76
اگر آهن بود دشمن چه غم آهنگرانیم ما	77
زبان در راه آزادی شود قربان می‌ارزد	78
آخر ای درد گران چیست مراد دل تو	79
سلح شوران سلاح هاتان سپر باید شود امروز	80
بشکنیم تقدیر خود را بگسلیم زنجیر را	81
صدای صخره‌ها با تو بلند و هم‌صدا پنجشیر	82
بلبلی نیست که در انجمن آواز کند	83
مثل جنگل‌های نورستان تنم آتش گرفت	85
منور می‌کند دل را نسیم صبح کوف‌آبش	86
در ساحت آهوان ببین گرگان را	87
نه‌پذیرم که پذیرد دل من موعظه را	88
تا سنگری دارم زنم سنگ بر سر جنگ‌آوران	90
این بلندی‌ها که در نزد شما پستی کند	91
سیاست ای سیاهی، ای تباهی دانش آدم	92
با آن که بال داشتیم قفل و قفس خریدیم	93
علیه هرچه بیداد است باید داد فریادی	94
دریغا تا برادرهای ناراضی ما آگاه می‌گردند	95
با لب گریان و اما قلب خرسند می‌گریست	96
در زمین و آسمان در کهکشان مستان برقص	98
قمری قفس هوس کن پرواز شد کرایی	99
امشب از مستی بسیار خرابم بی‌حد	100
خدایا پرسشی دارم چه رازی در ته راز است	101

سپید برهی را زخیل گرگ درید	102
من چه از مهر تو گویم دهنم کوتاه است	104
گفتمش دردی درون سینه دارم چون کنم	105
جان در کف رضایت جانان گذاشتم	106
می‌نوشم از جام بلورین دو چشمانت	107
دوست‌دارم عشوه‌های دختر دهقان را	109
قشنگی‌های کابل در تب بسیار می‌سوزد	111
با دم شمشیر تان دینی نمی‌آید به‌دست	112
سکوت ای زندگی آهنگ غم بسیار می‌خوانی	113
هرکه حرفی داشت کشتندش که نه	114
گفتم از عشق مرا سوخت بدن	115
کوزه‌گرهای کنار جاده کو	117
دلبری از دور می‌آید به رقص	118
نه آنم که دوستی دشمن کنم	120
رها کن دامنم از چنگ چنگم را رها سازم	121
روانم شاد مرد معترف بودم در کارم	122
روزگاری‌ست که دل را غم دل‌داری نیست	123
کوکب آتش‌بدوش شب‌سواران نیستیم	124
بر تن لباس میشی پوشیده وای گرگی	125
دلت با دیده یک‌سان کن تماشا محشری دارد	126
ای تغافل بشکن و خواب گران دیگر بس است	127
ریشه‌ی سرشت ما رویش چمن باشد	128
چنگ و تار سازیم و زیر و بم زنیم	129
به به چقدر دختر شیرین سخن اسقی	130
خسته بودم مولوی آمد کنار من نشست	131

چه هنگامی به پایان می‌رسد این بت‌تراشی‌ها	133
کو هُشی در نگه روی تو بی‌هوش نشود	134
موج دریا، اوج رویا، برج دنیا رفتنی‌ست	135
مرا از دشنه‌ی خونینه‌ی میدان نترسانید	136
غنچه زخمی، تبر با دل شاد می‌خندید	137
کیست می‌گوید خراسان مُرده است	138
خودم رنگین کمانی می‌سازم بهر گیسوهات	140
مرا به جام شهادت نرسان، نمی‌نوشم	141
بیزارم از آن شهر که می‌خانه ندارد	142
باید یکی باشیم و افسون نشویم ما	143
بریز و بریز و بریز و بریز	144
رهبران را چه غم از رهرو بی‌پای غریب	145
سنگرم شعر بلند ماندگار پارسی	146
بامیان ای تپه‌ی خشک شده‌ی بی بودا	147
شک نکن دیو اگر صاحب دفتر گردد	148
واعظا مسجد تو را ما با گناه آمیختیم	149
گروگان گشته‌گان مهر دریاییم کشتی‌سان	150
کسی می‌فهمد از مهر زبان مهتر پارسی	151
ای دل چرا چگونه در غم آبرو شدی	152
آری عشقت ساده بود اما چه زیبا می‌نشست	153
این دره که می‌بینی به این زیبایی	155
چو مرغ واله در کنج قفس بنشسته بی‌دربی	157
مستی بی‌امان من من تو ام و تو من تو من	158
تا در این دیر بغاوت‌زده معمور شدم	160
آن که در دیده‌ی خود از تو نشانی دارد	161

ز چه جام سر کشیدی که تو جاودان مستی	۱۶۲
حسرت بی‌حساب من تا چه شود پا گشی	۱۶۳
هرچه رود رود رود زخم زبان نمی‌رود	۱۶۴
سوختم جرئت عاشق شدنم آهم داد	۱۶۵
فریاد فردا در گلو زخم صنوبر در جگر	۱۶۶
از سکوت بشر گنگ‌شده فریاد کنیم	۱۶۷
چه غروب‌های دل‌انگیز غم‌انگیز شدند	۱۶۸
لبم را مست لب‌های سبو ساییده‌ی خود کن	۱۶۹
زبان تان گلوله و بیان حرف تان تفنگ	۱۷۰
دو لب سخن گرفتم لب جام و جم شکستم	۱۷۱
چه آسیبی رسید عیش مدام کامرانان را	۱۷۲
به غیر عشق جنگیدن چه معنی	۱۷۴
پیر مردی بود و عمری خدمت بسیار کرد	۱۷۷
خرد خواستی خردمند بجوی	۱۸۱
چرا هرکه آزاده است می‌گشی	۱۸۳
سرای درد بی‌اندازه‌ی من	۱۸۵
اهواء شکفتن شده باز آی بهارا	۱۸۷
نه سر زیباست	۱۸۹

یادداشت

«ضرر در زر» مجموعه‌شعر حسیب احراری از چند نظر قابل توجه است، از نظر اندازه که ۱۴۰ غزل و غزل مثنوی و... را دربر می‌گیرد؛ از نظر ادبیت که ظرفیت‌های ادبی و زبانی ویژه به‌خود را دارد؛ از نظر جهان‌بینی و نگرش که در شعرها شاهد حضور شاعری استیم، نگرش، عشق، اندوه و رنج خود را از جهان، زندگی و انسان دارد و اگر بخواهم قضاوتی درباره‌ی شاعر کنم می‌توانم بگویم با شاعری طرف ایم که عشق و دردآشنا است.

شفیعی کدکنی درباره‌ی امکانات شعر چهار افق و جنبه‌ی هنری و بشری را درنظر می‌گیرد: زیبایی‌های هنری و فنی، پشتوانه‌ی فرهنگی، زمینه‌ی انسانی و بشری عواطف و گستردگی در جامعه. هر کدام این افق‌ها توضیحات خود را می‌خواهد که از گنجایش این یادداشت بیرون است.

ممکن شعر شاعری از نظر زیبایی‌های هنری و فنی با جنبه باشد و صنایع ادبی و ظرافت‌های زبانی داشته باشد، اما جنبه‌های دیگر را نداشته باشد، در این صورت شعر این شاعر بیش‌تر تکنیکال و فنی خواهد بود، اما بدون عمق عاطفی و سایر جنبه‌ها. شعرهای خوب همه‌ی این جنبه‌ها را نسبتا دارند، اما عمق عاطفی و بشری را بیش‌تر دارند، این عمق عاطفی موجب می‌شود که شعر در جامعه و بین مردم گسترش پیدا کند و در حافظه‌ی مردم ماندگار شود، زیرا شاعر در شعر با خوشی و رنج انسان هم‌ذات‌پنداری کرده است، بنابراین انسان‌ها نیز با جنبه‌ی عاطفی شعر شاعر هم‌ذات‌پنداری می‌کنند.

مثلا اگر در شاعران کلاسیک، شعر خاقانی و مولانا را کنار هم بگذاریم و مقایسه کنیم، شعر خاقانی بیش‌تر جنبه‌ی فنی دارد، اما شعر مولانا بیش‌تر جنبه و افق عاطفی و

بشری دارد، این‌که شعر مولانا در جامعه‌های بشری گسترش پیدا کرده است، به دلیل جنبه‌ی عاطفی و بشری آن است.

شعرهای احراری را اگر از نظر این چهار افق بنگریم، نسبتا بین چهار جنبه و افق تعادل برقرار است و شاعر شیفته‌ی بازی‌های فنی روزگارش نشده و بیش‌تر به جنبه‌ی عاطفی و بشری شعرها توجه کرده است و برای شعر گفتن بهانه‌ی بازی تصنعی نداشته است، بلکه احساس و عشق و رنج عاطفی و بشری در جان شاعر جرقه زده تا شعر بسراید. این مهم است‌که شاعر در سرایش شعر از احساس و جان خود مایه بگذارد، اگر شاعر در سرایش شعر نتواند از احساس و جان خود مایه بگذارد و گرفتار ذوق‌زدگی و... شود، شعر نگفته است، بلکه در ذوق‌زدگی و هیاهوی ادبی روزگار خود دست و پا زده است. در بیست سال گذشته از این گونه شاعران زیاد داشتیم و برای خود انجمن و تریبون و بلندگو ساخته بودند و در انجمن‌های خودساخته‌شان برای خود زادروز برگزار می‌کردند.

شعرهای احراری از نظر زبان و بیان پخته اند و از نظر مناسبت و پیشینه‌ی ادبی با گذشته‌ی شعر فارسی و با زندگی روزگار شاعر مناسبات دارند. اگر پیشینه‌ی شعر فارسی را در شعرهای احراری بجوییم، می‌توانیم جهان‌بینی شاعرانه‌ی مولانا، حافظ و بیدل را احساس کنیم و اگر بخواهیم جای‌گاه شعرهای شاعر را در مناسبت به روزگار معاصر ملاحظه کنیم، شعرها توانسته‌اند از نظر مناسبات اجتماعی و فرهنگی با روزگار معاصر ارتباط برقرار کنند و به خواننده این احساس را ببخشند که شعرها شعر روزگار خود یعنی شعر روزگار معاصر استند.

طبعا سرایش شعر و فعالیت هنری، کاری است متداوم که شاعر و هنرمند به فعالیت ادامه می‌دهد و در تداوم کار خود به تجربه‌های متفاوتی دست می‌یابد. بنابراین نمی‌خواهم قضاوت کلی کنم و بگویم شعرهای احراری این‌گونه یا آن‌گونه

استند، زیرا آن‌چه در شعرهای فعلی شاعر رخ داده در آینده با جنبه‌های عمیق‌تری رخ خواهد داد. همیشه چشم‌اندازهای به سوی آینده وجود خواهند داشت.

یعقوب یسنا

۲۰ آبان ۱۴۰۲

ریختی از کوزه‌ی زندگی

مادرم سی‌وپنج سال پس از ازدواجش من را در دژی به نام «پنج‌شیر» که خاکش را انبوه بادهای برخواسته‌ی وزش‌گاه عشق آورده است، زایید؛ و تا چشم باز نمودم پاهایم را دیدم، نمی‌دانستم به چه دردی می‌خوردند و چند آدمی که نمی‌فهمم آن وقت در مورد آن‌ها چه فکری داشتم، و زمین را دیدم و با کوچه‌ی که از آن‌طرفش پدرم سوی خانه می‌آمد آشنا شدم و بهار را بوییدم و با تابستان گرمم شد و میان خزان خزیدم و در زمستان خنک خوردم و منتظر بودم چیز متفاوت‌تری دیگر بعد این‌ها ببینم که بازهم بهار رسید و فهمیدم که واژه‌ی «تکرار» (دوباره شدن) معنا می‌دهد و گریختم سوی کوه، سوی دریا، سوی جنگل، سوی دشت، سوی صحرا تا رسیدم به خودم و دلم را یافتم و قلبم را لمس کردم و به احساسم دست زدم و دستم را بردم و با لنز دورنمای فطرتم از طبیعت پهناور جهان عکس‌ها گرفتم و از بره‌های آغلِ برادر «آخرت» که نامش را پیش از هستی شدنش «دنیا» گذاشته بودند، پشمی دزدیدم و بُرسی ساختم در ته آستینم پنهانش کردم تا کسی متوجه‌ام نشود و رفتم از رخ گل‌پونه‌های کنار رودخانه‌ی روستای آبایی و از بته‌های کوهی خودروییده رنگ پراندم و از لبان تمامی گنجشک‌های ده که از چشمه‌های نور آب نوشیده بودند، قطره‌آبی برداشتم و در کاغذ کبود آسمان رویاهایم شروع به نقاشی کردم. هیچ‌کس این هنرم را در من جدی نمی‌گرفت جز خودم! از چهار برادرم یکی مانند من نقاش بود؛ نه! من مانند او نقاش بودم یعنی متاثر از او بودم، چاره‌ی نداشتم چرا که او سن بسیار داشت و من کوچک بودم او پسر سوم پدرم بود و من پسر آخر. آخوند مسجد قریه‌ی ما می‌گفت خدا دوست ندارد نقاشی را و من دوست داشتم نقاشی کنم! دشت نقاشی کردم و کاروان نور رویش گذاشتم و بی‌خداحافظ سفر در پیش گرفتم، مهر نقاشی کردم و بُردم در شهر و در بازار و در کوچه-پس‌کوچه‌ها

فروختم به هر آدمی که دستش تهی از خوبی‌ست، تار نقاشی کردم و نواختم ساز آهنگ بشر را و سمفونی آزادی را بر گوش مردمان بومی میله‌باور، بال نقاشی کردم و در بازوی زخمی‌طاووسی پینه زدم و از پرواز تابلوی ساختم آویختم روی دیوارهای دنیا، خاک نقاشی کردم و گذاشتم در کف جانم و در ته قلبم و در گاوصندوق ایمان خویش نهانش نمودم تا دست هرخودخواه بیگانه از خاکم باشد، آب نقاشی کردم پاشیدمش در قلب آتش‌های صحرا تا شکست شعله را مرغان حیران بیابانی ببینند، ماه نقاشی کردم و نیمه‌شب در دست شبی دادمش که از سیاهی سراغ نور می‌دوید تا به بیداری رساند چشم نابینای ظلمت را، راه نقاشی کردم سپردمش پیش پای پرستوی‌های تنگ‌دل از هجوم زاغان سیه‌فکر، چشم نقاشی کردم و دادمش کادو بر کوران مادرزاد، فکر نقاشی کردم راحتش ماندم و فراخواندمش به بیابان و به جنگل و به دریا و به خورشید و در پهلوی هنر، عشق نقاشی کردم و نامش را شهوت پروانه‌های خفته در آغوش گرم شمع گذاریدم و بعد از آن نقش من در زندگی نقاشی کردن است و تا چراغ در چشم دارم تابلو می‌کشم و احساس را هم نقاشی کرده‌ام اما زبانم نمی‌تواند با کلام این‌جا نقاشی‌اش کند و در سیر سیاره‌ها بودم که کسی صدایم زد و دانستم اسم من را «حسیب‌الله» گذاریده اند که ناگهان زنگ مکتب به صدا آمد و دوازده سال الف، ب، ت، ث گفتم و هر کدام این حرف‌ها می‌خواستند من را بدزدند اما به حرف «ش» که رسیدم زندگی صدایم کرد و قایقی ساخت برایم و پرتابم کرد در بحر ناپیداکران قلمرو ققنوس که از آن سر دیگرش آب‌شار نور رحمت از گلوی آفریدگار می‌ریخت و ره‌زدم و هی رفتم و دیگر بر نگشتم، بس زیبا بود دریای موج‌خیز شعر و ساحل فراخ شاعرانه‌گی و اکنون که من این متن را می‌نویسم بیست و هشت سال و هشت ماه و چهار روز از آن سی و پنج سال می‌گذرد.

پیشامد نام خانوادگی‌ام روزی بود که تازه از بستر خواب کودکی برخواسته بودم و می‌خواستم صورتم به آب نیم‌جوانی شست‌وشو کنم که پدرم برایم «احراری» با پیشوند «آغا»(آغای احراری)صدا زد؛ برایش گفتم: چه مفهومی دارد؟ گفت: آزادگان، آزدان و ادامه داد که این نام از «ناصرالدین عبیدالله خواجه احرار ولی» یکی از رندان بلاکش قرن پانزده میلادی که در زمینه‌ی عرفان و تصوف در منطقه ماوراءالنهر یا خراسان بزرگ شهرت زیادی داشت و از مشاهیر فرقه‌ی نقشبندیه بود که گورش در روستای «کمان‌گران» در پانزده کیلومتری سمرقند، دل‌نرم کننده‌ی مردم ازبکستان و اهل سلوک است، به ما می‌آید و ما نوادگان آن «احرار» هستیم و تو ای فرزندم! احراری می‌خوانمت تا رها، وارسته، بی‌قید و شرط، مختار، وحشی(بی‌باک)و آزادزیست بزرگ شوی! من در پاسخ پدرم سخنی نگفتم و نشستم روی خاک. یادم نرود پدر بزرگم نیز شاعر بود و عارف و انسانی خودشناس که در بسیار کتاب‌ها از وی گفته اند و اسمش بود «نور محمد آغا» شهره با «خلیفه صاحبِ پنجشیر» دیباچه‌ی دارد از غزل‌های روان و شرحی از مثنوی معنوی مولوی در همان قالب موزون.

و اما پدرم که حاجی نبود کارهای بزرگی می‌کرد مثلن مولانا می‌دانست و کتاب‌های عرفانی و الهیات می‌خواند و در مسائل امور و برطرفی بدگمانی‌ها میان دو انسان، دو استان یا دو جامعه‌ی درختی می‌شد پر از میوه‌های صلح. چیزهای اندکی نزد او خواندم مثلن کتاب‌های زیادی را و اما سه روز نزد آخوند مسجد آبادی کتاب خدا را خواندم و یک روز نزد قاری‌بچه‌ی قریه که نامش را نمی‌برم و دیگر نرفتم بخوانم، برای این‌که او با زبان مار سخن می‌گفت و زبان انسان نمی‌دانست. من زبان گنجشکان را بهتر از زبان مار می‌فهمیدم و چنین شد که رفتم به شاگردی پرندگان نشستم و کتاب خدا را از زبان بیست و یک

هزار مرغانی که از جنگل‌های دهکده‌ی ما گذاری داشتند، یاد گرفتم و چند پاره‌های آن کتاب را در طاق کله‌ام به روز مبادا نگه داشتم.

مادرم من را در زمان نامناسبی زاییده بود یعنی در ازدحام زاغ‌ها که برای گرفتن باغ‌های پرستوها در زادگه من آمده بودند، آن وقت کسی از کنار کسی رد نمی‌شد اگر هم می‌شد سلامی نمی‌کرد چرا که هوا خنک بود و زبان را که از دهن بیرون می‌آوردی یخ‌اش می‌زد! دو-سه حرف از مادرم یاد کنم: او زنی بود بلندقدر و انسان بی‌آزار از جای دوری به خانه پدرم آمده بود و جنگ(این پدیده‌ی سگ)سبب شد مادرم صدمه روحی ببیند و روان‌درد شود و رخ از دنیا برگرداند و از مراوده با آدم‌ها بپرهیزد و دیگر لباس‌های قشنگ نپوشد و همیش در گوشه‌ی روی سجاده‌ی، عزلت فراهم کند؛ از این لحاظ من نه شیری از او خورده‌ام و نه محبتی دیده‌ام و وقتی اشک‌ریزان در طلب شیر به دامان وی می‌جسته‌ام، با بی‌مهری از خود دورم می‌کرده و بار بار که می‌رفته‌ام در آغوش مادرم نمی‌رسیده‌ام؛ گویی فرسنگ‌ها فاصله داشته اما او در یک‌قدمی من بود درست پیش چشمم، چه جان‌کاه است مادری زنده باشد آنهم در خانه و نزدیک اما دست پسرش برایش نرسد، نتواند رویش ببوسد، آغوشش بگیرد و همین‌طور عمری از نهال مهر مادر ثمری نچینند. این‌همه یک‌سو! کودک باشی و مادرت زنده باشد و تو با شیر قوطی بازار بزرگ شوی و... تا هنوز مادرم به همان شیوه و دور از همه‌چیز و همه‌کسان در تنهایی خود نفس می‌کشد و این بی‌انصافی را جنگ بر او روا داشته، جنگی که هیچ‌سویش معلوم نبود و هزارها آدم را از خانه‌اش فراری می‌داد و خون‌های بی‌شماری را می‌ریخت. احساس کنید خیل زاغ‌های گوشت‌خوار با منقارهای گند آلود از جای دوری برای گرفتن باغ سال‌ها با خون دل ساخته‌ی پرستوها آمده و آشیان صدها پرستو را ریخته و امیدهای نا رس آنان را به خاک زنند. دقیقن قصه‌ی ما داستان زاغ‌ها و پرستوهاست.

فکر کنم سخن را کژ بردم! برمی‌گردم به کرانه‌ی که زندگی به آن پرتابم کرد، به آن جایی که آب‌شار آفریدگار از گلویش می‌ریزد و دیدن دارد و خوشبخت آنی که خود را شست به آبش. با این مدت کمی که شمه‌ی شاعرانه‌گی چشیده‌ام و اگر قطره‌ی از آن آب‌شار گوارای گلوی آفریدگار بر لباس نو اتوی طبع من چمیده باشد و یا شاعر گفته شوم، دریافت من از سیر چونین ساحت فراخ و فُراغ‌زا، این است: که شاعر فروغی‌ست تابیده‌شده از بر و دوش تمامی ستاره‌گان و با چشمان خورشید بر سیاره‌ی زمین می‌بیند و با پراکنده‌شدن در هستی، تن خنک‌خورده‌ی انجمن‌نشینان عاشقی‌پیشه را گرم می‌نماید و شب‌های اندیش‌ورزان را روشن، با لبخند شکوفه‌های درختان همه جنگل‌های جهان سخن از امید می‌گوید و درب هرچه منزل خویشتن‌بینی‌ست می‌گشاید و در سیر خویش تا به آن‌جا می‌رسد که بال مَلک سوختن گیرد و در یافتن ذرات سودمندش چونان چشم می‌دوزد که ذره‌ی وسعت ناهموار وجودش را نرفته و ندیده باقی نمی‌گذارد. شاید به اندازه شاعر هیچ سیاره‌ی به دور خویش نچرخیده و جیحونی چون وی در تشنه‌گی‌زدایی آدم‌ها دست و پا نزده است. گاه قایقی را که برای رفتن ناسویی‌های دور شاعرانگی نیاز است؛ خود می‌سازیم و نه زندگی، خود می‌رویم و نه فرستاده می‌شویم. این قایق خودساخته توان عبور از موج‌های سخت‌امتحان‌گیر را نخواهد داشت، بگذاریم زندگی کار خودش را کند.

خرداد ۱۴۰۰

نگاشتی بر کیستی شاعر و چیستی شعر و گام نیمه‌ی نقد

بینش من این است که شعر پدیده‌ی بی‌عمد زیبا یا نازیبای دریافت یک شاعر بوده هرچند آن را نخواهد، شعری را شاعرش بی‌آنکه در او هوای آفریده شود، نیت سرودن کند؛ ترکیبی‌ست دور از راستی و در حال کاذب؛ شبیه ساحه‌ی با جماد متنوع اسب‌ها، آهوان، صخره‌ها، درختان و آبشارانی مصنوعی و مهندم که تمثیل منظره‌ای طبیعی را کرده باشند، هرچند دیدنی و تماشایی اما چون طبیعی نیستند انسان را به حیرت چنانی وا نمی‌دارند و شگفتی که از یک طبیعت طبیعی در روان تماشاکننده نفوذ می‌کند، از آن ایجاد نمی‌شود. این حکم بی‌هیچ حاشیه در شعر نیز هم‌سو است، یعنی وقتی شعری از احساس واقعی شاعر فواران نشده هرگز در دل‌ها جاری نخواهد شد. و اما نقش دید تماشاگر و طرز نگریستن او به داشته‌های اطرافش نیز مورد توجه است؛ به کرات اتفاق افتیده که شاعری پارچه‌ی را سروده با آنکه احساس ترغیب کننده‌ی در آن موج می‌زند و از ویژگی‌های خوب شعری نیز برخوردار اما چون شاعر آن ناآشنا و ناشناخته است، بناً آنقدر مورد توجه قرار نگرفته و نامی از آن برده نشده و هم گواه سرودهای بوده‌ایم با همه درون‌مایه‌ی شعری و شاعرانه‌گی فرسنگ‌ها بی‌گانه و احساسی که هسته‌ی مهم در شعر است در آن‌ها جا نداشته اما رنگ و بازارش چنان گرم که یوسفی در بازار مصر. این پدیده از ادوار خیلی دراز تا کنون جریان دارد و تا پیدایش بینش راستی‌محور میان کژنظران، ناگسستنی‌ست. باری دوستی که انسان با درایتی‌ست در ضمن سیاست می‌داند و شعر می‌سراید؛ در مجلسی حین صرف غذا حکایت جالبی از یک بازی خودآگاهانه‌ی خود بیان نمود: که روزی شعری از احمد شاملو را با شعری از خودش روی ورقی می‌نویسد و در فرجام شعر خویش نام شاملو و در شعر شاملو اسم خود را می‌آورد و برای افرادی نشان می‌دهد تا ببینند که شعر شاملو با شعر وی چه تفاوت یا ویژگی‌های را در بر دارند. وقتی مخاطب‌ها به هردو شعر نگاه می‌کنند به سروده‌ی که نام وی در آن درج و

شعرش در اصل از شاملو است هیچ نظری نمی‌اندازند و به پارچه‌ی که اسمش از شاملو می‌باشد و نه شعرش، حرف‌های زیاد می‌گویند و نظر بسیار می‌دهند. حتمی‌ست بگویم نیت یاد این سخن هرگز سرزنش شاملوی بزرگ که چون کوهی از میان ابرهای هنر سر بیرون زده است، نیست؛ فقط خواستم حقیقت دنیای ابیات گیرمانده در چالش را اشاره‌ی دهم. به نوشته‌ی می‌شود شعر گفت که آمده از احساس و دیگر اجزای لازمه‌ی شعری بی‌هیچ دخالت شاعر(از کوشش جلایش کاذب به منظور خیره ساختن چشم خواننده دوری شده باشد)شعری که معنای آن در زیاده‌روی لفظ و لفظ آن در بی‌راهه شدن معنا(ابهام‌گویی بی‌نتیجه)برهم خورده باشد هرگز شعری نیست که بتوان از یک شاعر متدارک چشم داشت. به هر رو شاعر خوب همانی‌ست که شعرش را پس از سرایش به چشم یک نقاد سراپا بی‌باک بررسی کند و بخواند و مانند قاضی سر و گردن عدالت‌خواه آن را مورد قضاوت و نقد قرار دهد و به این‌که خود چنین سوژه‌ی را آفریده یا مقبوض شعر شاعر دیگری است نیز راستی‌بینش باشد، هرچند رایج بوده و بس شاعرانی بودند و هستند که مسبوق سرود شاعر دیگری را قلم می‌زنند اما در این بین قابل اهمیت است بدانیم که آیا شاعر در ادعاء نسبت دادن سوژه‌ی خلق شده به خودش و یا تراود بودن اثرش امین بوده است یا نه.

و اما در مورد نقد بهتر آید اندکی سوی کوچه‌های چیستی، کارایی و ناکارایی نقد در شعر، پرسه زنیم: آیا نقد می‌تواند شعری را از کلافه‌گی به رسایی رساند یا هلاهلی می‌شود بر مرگ حتمی این زنده‌جان جاودانگی جو(شعر)دکتر عبدالحسین زرین‌کوب با موکاوی لطیفی از دو پهلوی نقد در مورد نقادی چنین می‌گوید: «همان قدر که بد شعر گفتن خطاست، بد داوری کردن هم در باب شعر خطاست»

گاه نقد موریانه‌ی بی‌رحمی‌ست که کهن‌تن تک‌درخت تنومندی را می‌فرساید و نهال نو باوه‌ی آرزومندی را از رشد باز می‌دارد با این حال نقد می‌تواند میکاپی باشد

که روی سرد دختری را چون پری زیبا صورتی می‌آراید که صد شه‌پسر دل داده‌ی او می‌شوند اما اگر صورت ناخوش دختری را نتوانست آراید به زشت‌تر شدن آن نباید انجامد(نادرست داوری کردن، نادرست‌تر از نادرست نوشتن است)

ناقدان حتمی حمله‌ور شدن بر هر اثری را که در چشم آن‌ها می‌خورد تنها راه نجات قلمرو ادبیات و شعر می‌دانند یا خود را بارانی می‌شمارند که باریدن بر هر زمینی را مکلفیت می‌دانند، در حالی باران برای کوزه‌گر کنار جاده‌ی که تازه با خون دل کوزه‌های رنگارنگی به ذوق خویش آراسته، فلاکت و آفت فرساننده‌ی‌است و شاید هرگز ذوق ساختن کوزه‌ی دیگر در کوزه‌گر، نروید. از سوی دیگر نقاد آن رهگذر خوش مشربی‌ست که وقتی از کنار کوزه‌گری که کوزه‌های قشنگی ساخته است، می‌گذرد؛ نباید بی‌هیچ نظر و لطفی رد شود.

هجوم ویران کننده و سکوت مغرضانه‌ی یک منتقد با وجود دانستن نیاز بیان زیبایی و نا زیبایی آن شعر، هردو؛ دو جهت یک تیغ برنده‌ی اند که هرگز به نفع سراینده نیستند. شاعری که شب را با دوصد و سی و پنج رنج سحر می‌کند و از درمان جسمی می‌کاهد و روان به دهل خیال می‌رقصاند، چرا فردای آن شب موجب آزار تلخ منتقدی باشد که شب را با خواب شیرینی صبح کرده است! زیبا نیست منتقد مامور کجا باید رفتن و کجا نباید نرفتن گردشگران طبیعت طبع و مامور دشت‌های سرشت آدمانی به نام شاعر که کم در پیرهن می‌گنجند، باشد؛ آنهم با بسیار تندخویی و استفاده از حس صلاحیت‌پنداری. وقتی نقادی سنگ کارش را بر عیب جویی گذارد اگر سودی بر سراینده نیز داشته باشد، تاوان آن دو برابر است. اساس جسارت و دست‌اندازی منتقد بر رویت شعر یا اثری زمانی قابلیت رواداری دارد که ظرفیت تئوری نقدپنداره، فرمالیسم، پسیکانالیز به منظور یافت چندسویه‌گی شاعر، شناخت روش هنرسازه و واژه‌گانی، اخلاق محوری، اختلاف پذیری در تعامل اندیشه و اندیشیدن و... را داشته باشد و کیفیت نهاده شده‌ی زمانی کلام را با استادی

حزم نماید. گفتنی‌ست ازدحام دانش و افزایش روزافزون آن در قرن کنون و آینده‌ها بر شعور انتقادی نقاد اثر دار است، زمانی که شعر می‌خواهد دشواری زندگی انسان را در تیزاب هنرهای خود منحل کند، نقد نیز نیاز انعطاف و تغییر مقیاس دارد. نه به این منظور که نقاد سد راه نقد شود بلکه فراورد جدیدی جاگزین روی کرد دیرینه سازد.

دوست دارم به عنوان سخن آخر قسمت پیش‌نگاشت کتاب «لمس رویِش» را که گزینه‌ی شعری وزن عروضی آزاد(نیمایی)می‌باشد و دو دفتر سپید سرودهای «گوسفندان ساده‌ی روستا» و «راز دو چشم یک آهو» نیز آورده شده و به همه سروده‌هایم می‌فارد در این‌جا هم بنویسم: فطرت متواری انسان عجیب زیبایی‌پسند و عاشقی‌پیشه است و تا دیده به گیتی می‌گشاید، هناسه‌ی او بر درایت داده‌های اطرافش بی‌توقف و ممارست بی‌سرانجام برای قابلیت‌های معنادار و جامعه‌ساز خویش دارد. هر از گهی آدم به درجه‌ی رفیع نهاد نافع خود نظر می‌اندازد؛ احساس او به جای دستش قابلیت گرفتن و لمس کردن را می‌یابد و چنین است که می‌توان حتا رویِش نامشاهده‌شده‌ی علفی را دید و نجوای جنبیدن روییدن را با گوش قلب شنید.

پهلوی دیگر سخن روایتی بر واردنساختن سلیقه‌ی فرد در یافته‌ی سانسور نشده‌ی شاعر است: برای من که سالیانی به گشت طبیعت و در پی نظاره‌ی مناظر بکر بوده‌ام، آن قسمت طبیعت را دلنشین و ترغیب‌کننده یافته‌ام که دست نخورده و بکر باقی مانده و باورم این است که دست آدمی همیش زیبایی‌ساز نیست و گاهی بسیاری قشنگی‌ها را با دست‌اندازی ناقشنگ می‌سازد. تلاش کرده‌ام حرمت داده‌های دل، آفریده‌های شاعرانه‌گی و آنچه طبع ارایه کرده تا حد امکان دست‌نخورده باقی بماند و ظرافت‌های درون‌نما، هنربافت‌ها و تصاویری را که در شعر پدید آمده از بین نبرم و نقاشی دل را خراب نکنم.

در این مجموعه که شعرهایش نام‌گذاری نشده اند در فهرست از مصرع نخست هر شعر استفاده شده است.

خرسندم شما دل‌دریاشده‌گان را به خوانش این گزینه‌ی غزل‌ها و چندی غزل‌مثنوی و... فرا می‌خوانم!

پدرود
حسیب احراری
شهریور ۱۴۰۲

گزینه‌ی شعری

۱۴۰۲-۱۳۹۳

۱

اشک ریختم می‌شنیدم گریه‌های آب را
با کی گویم کشف قلب آدم بی‌تاب را

صحبتی داشتم دمی با عکس دوران قدیم
گفت دل‌تنگم بیاور از رخم این قاب را

برده‌ام نعش بزرگ آفتابی را به دوش
دیده‌ام جان دادن شب‌های بی‌مهتاب را

زورقم زوری نداشت و بار من بسیار بود
تند می‌راند و نمی‌دید ناخدا گرداب را

هرقدر باران ببارد بر سرت قورباغه‌گک
مثل ماهی‌ها نمی‌فهمی غم سیلاب را

گنگ مادرزاد هستم در بیان خواب‌ها
کی شود فهمیدن از گفتار گنگی خواب را

۲

چه سازم این سیاهی را غم بی‌آفتابی را
غم این بی‌چراغی را چنین بی‌ماهتابی را

بسی پس‌کوچه‌های ظلمت آینده پیمودم
ندارد فطرتم باور دگر صبح قلابی را

چو ابری ماتم اندیشه‌های سبز را دارم
فلک دامن گشا تا ریزمت اشک حسابی را

مثال ماهی مانم که هنگام خنک‌سالی
تماشا می‌کند مرگ خود و بیم کم‌آبی را

چه معصومانه می‌پرسی سزای بی‌گناهی چیست
نمی‌دانی مگر ای دل تو درد بی‌جوابی را

ز دستم بر نمی‌آید از این بیشتر زبر دستی
زبانی دارم و چشمی می‌خواهد خرابی را

زدودم رنگ نیرنگ از رخ طبع هوس عمری
به دست آورده‌ام تا این کمال بی‌نقابی را

۳

یک کوزه خاک گیرم، یک کوزه آب سرد
یک خیمه یک ترانه، یک شانه آه و درد

دل می‌بُرم ز هرچه بشر هست در زمین
پیدا در این زمانه‌ی نامرد نشد مرد

اشکی که جان دادم و دامن سپردمش
بی‌کشتی در کرانه‌ی دریام روانه کرد

یک‌سو چراغ مرده، یک‌سو امید صبح
یک لشکر سیاهی و یک فرد در نبرد

حیران بی‌نوایی این خاک خسته‌ام
رنگم ز بی‌نوایی خویشم نگشته زرد

جسمم در آسیاب وطن آرد می‌شود
روحم در آرزوی حیاتش شدست گرد

۴

بیا دوری کنیم از مردم ناپاک این دنیا
جدا سازیم ره از دیو وحشتناک این دنیا

ننوشیم از مَی میخانه‌های مشتری اندیش
نچینیم خوشه از شاخ درخت تاک این دنیا

خودت ساقی و جام خودت را دم به دم پر کن
ندارد نشه‌ی مرد افکنی تریاک این دنیا

فقط باغ انار قلب خود را آبیاری کن
نمی‌روید نهال مثمری در خاک این دنیا

ز ساز بلبل و نای نی و سیر چمن بگذر
که غیر زوزه سوزی نیست در پژواک این دینا

نمیری تا در این گیتی و خاکت تا نگردد گم
به لوح زندگی ننویسدت حکاک این دنیا

نپرس هی مهربانی چیست آهوی عزیز من
نیاید جز پلنگ‌اندیشی بر ادراک این دنیا

۵

تا قلم در دست می‌گیرم سخن گم می‌کنم
گر سخن می‌یابم و راه دهن گم می‌کنم

مثل آهویی که از چنگال ببری می‌رمد
جان سلامت می‌برم اما وطن گم می‌کنم

گوهر و گنج و گیاه بی‌بهای هرزه نیست
هویت و لفظ و زبانی را که من گم می‌کنم

جستجوی آرزوها شمع عمرم می‌خورد
تا به آغوشش کشم یک‌باره تن گم می‌کنم

تا به مرداب عفن آلوده قانع می‌شوم
از سر بخت قلیل طرف لجن گم می‌کنم

سایه تا بالای سر دارم تنم پوشیده است
می‌رسم تا سوی صحرا پیرهن گم می‌کنم

بخت کم بسیار می‌آید سراغ بی‌کسان
روز مرگم می‌رسد لای کفن گم می‌کنم

هنگام سرودن این غزل متوجه شدم که این الهام و کلمات از جای می‌آیند و حس کردم کجا شعری با چنین وزن و قافیه‌ی خوانده باشم؛ کنجکاو شده سراغ چند شاعر بزرگ مانند سعدی، صائب، وحشی‌بافقی، مولانا، حافظ و بیدل رفتم و از هرکدام شعری با چنین ردیف (می‌کنم) برخوردم که بارها آن غزل‌ها را خوانده اید و خوانده‌ام اما غزلی از بیدل یافتم که ردیف غزل من (گُم می‌کنم) آمده از آن بود و احساسی که عده‌ی بیت‌های این غزلم را آراسته از همان شعر بیدل سرچشمه می‌گیرد.

چیزی از خود هر قدم زیر قدم گم می‌کنم
رفته رفته هرچه دارم چون قلم گم می‌کنم
بیدل دهلوی

۶

های باران تشنه‌ام آشفته‌ام دردآورم
ساحل خشکم که دریا را ربودند از برم

در گلویم تشنه‌گی‌های وطن حس می‌شود
های باران با تو ام آیا نداری باورم

سنگ این رودخانه را ساییده آب تند سیل
گر گهر گم کرده‌ام پیداست نقش گوهرم

بس شنیدم ناله‌ی آهنگ سرد سایه‌ها
اشک خورشید زمان جاری شد از چشم ترم

زورقی در من فرو بنشسته تا زانوی تن
من کویر تشنه‌ام بحران دارم در سرم

مرغکان مست بودیم در تلاطم‌های موج
آرزوهای پریدن رفته از بال و پرم

۷

مثل کوهی که رها کرده خدا تنهایش
مثل قوی که فراری شده از دریایش

آدمی از من پژمرده نبرد شاخه‌گلی
مثل باغی که بلد نیست کسی درهایش

حال آشفته‌ی چشمم به کی گویم آیا
می‌رود رود به رود جوی به جوی اشکایش

بی‌تو ای نور سیاه شد جهان من و دل
مثل شب‌ها که فقط ماه کند زیبایش

باخت در میز قمار تو دلم دنیا را
مثل مرغی که ندارد غصه‌ی پرهایش

بی‌قرار تو ام ای راحتی روح و روان
مثل می‌خوار خرابی تهی‌ست مینایش

۸

زندگی زنگ زمان است تکانش بدهید
کودک دل نگران است زبانش بدهید

از مدیر دَر دین‌های جهان پرسیدم
عشق آیین جهان است امانش بدهید

در نبردی که سپاهش غم دل می‌شکند
خنده سرلشکر آن است کمانش بدهید

آنچه از دفتر انسان به تاراج نرود
نامه‌ی مردی مان است زمانش بدهید

قیمت مهر اگرچند نه‌چندان خوبست
باز این سنگ گران است گرانش بدهید

۹

همه رنگ‌رنگ است وطنی که من در آنم
همه‌سو جنگ جنگ است وطنی که من در آنم

به نو عاشقان بگویید دل خویش نگهدارند
دل دلبران سنگ است وطنی که من در آنم

غم نو ستاره‌ی را به سحر چه سود خواندن
که زبان ما تفنگ است وطنی که من در آنم

بروید غزال‌خویان ره آهوان بگیرید
سر راه شان پلنگ است وطنی که من در آنم

دَر باده‌خانه بربند سر کوزه ساقی نگشای
نظر زمانه تنگ است وطنی که من در آنم

گذر از کرانه‌ی عشق نشود سبک به ساحل
به قدم قدم نهنگ است وطنی که من در آنم

نرسیده طرف منزل سفر چراغ‌دوشان
دو پی زمانه لنگ است وطنی که من در آنم

لب مهتران ببندید سخن وفا نگویید
گپ عاشقانه ننگ است وطنی که من در آنم

۱۰

ترک تاج و تاجری گویم نه ترک تاجیکی
تشنه‌ام من تشنه‌ی آب زلال تاجیکی

تا خراسان خانه در دامان دنیا کرده و
می‌درخشد آفتاب بی‌زوال تاجیکی

می‌کشد ناز گلی را بلبلی از نازکی
ناز تاجیک می‌کشد نازک خیال تاجیکی

در چنین سودای خام از من نیاید چابکی
شاخه‌ی را بشکنم از نونهال تاجیکی

قو اگر قانون پرواز و پریدن طی کند
پر بریزد تا بگیرد پر ز بال تاجیکی

زورقش در موج دریای تلاطم ره زند
هرکسی کو در جگر دارد کمال تاجیکی

۱۱

چه از سیاهی‌وظلمت انتظاری هست
ز ماه مانده فراسوی کوچه‌ی بن‌بست

امید فتح سحر نیست گر کُند پستی
ثبات شمع شعله‌فروش شباهم‌دست

سبوی مستی ما را چه‌سوی پاشیدند
چرا پیاله‌ی باقی پر از تنفر است

ای از تبار نکویان روشنی در چشم
گرفته معبد نور را دیو سایه‌پرست

سحر ستیز سیه‌بین این زمانه ببین
گرفته سله‌ی خورشید در کف دست

هزار دریغ از هنرنمایی بی‌هنران
ببین که کشتی غواص به گل بنشست

مرید درگه ابلیس و شیخ خونین‌لب
به پیر پارسای می‌کده تهمت بست

دگر نشد خوشه‌ای، شراب عارف‌ساز
گلیم می‌کده جمع شد، کوزه شکست

سوار قافله اهریمن و جهنمش همراه
فسار قافله از دست این منادی رست

ددی که قید قفس بود در وراء زمان
گسیخته بار دیگر تسمه دیو مست

۱۲

قطره قطره آب دریا می‌شود
انقلاب موج برپا می‌شود

جلوه کن ای خار در صحن چمن
عاقبت آتش مهیا می‌شود

باد جارو می‌زند این راه را
نقش پای عشق پیدا می‌شود

ماه می‌آید شبی مهمان ما
بار دیگر کوچه زیبا می‌شود

عاشقان را مژده‌ی ده قاصدا
هرکی عاشق نیست رسوا می‌شود

۱۳

کیستم من کشور افتیده‌ی از بوم و بر
از پریشانی من می‌بایدت گیری خبر

من سمرقند بودم و بلخ و بخارا داشتم
در دلم عشق خراسان می‌زند شام‌وسحر

هی پرسیدی چرا برگ درختم سبز نیست
شد دوصدسالی بازو می‌زنم با صد تبر

با قفس انسی ندارد مرغ بی‌مرز دلم
تیر تقدیر جدای خورده‌ام در بال و پر

دیدن رویت نصیب چشم من شاید نشد
بعد مرگم ای بخارا گرد خاکم را ببر

۱۴

نور دیده‌ام بلخ و چهره‌ام شبرغانی
قلب من چو پنجشیر و خون من ارزگانی

کوچه‌های شوربازار، اهل شعر و آهنگم
کابل است آغوشم، دلبرم سمنگانی

قله‌های برف‌آگین، دره‌های سرسبزم
روح من سالنگ است، جسم من بدخشانی

ترکمن و قزلباشی من بلوچ و اوزبیکم
قندهار بود چشمم، مژه‌هایم خنجانی

جام عیش جمشیدم، نسل ماه‌وخورشیدم
من درخت انگورم ریشه‌هایم پروانی

ریگ و آب آمویم، در سخن چو فردوسی
غزنه و بخارایم خاک من خراسانی

بوریا بود فرشم، همتم زر آرایی
کفر و دین نمی‌دانم، دین من انسانی

۱۵

دلم را برده طرز خنده‌های دختر تاجیک
اسیرم کرده چشم ناخدای دختر تاجیک

بهار از ره رسید و من ره صحرا گرفتم پیش
که از هر لاله می‌آید هوای دختر تاجیک

اگر بیند خط و خال نگارم را دمی حافظ
کند ترکان شیرازی فدای دختر تاجیک

میان رگ‌رگ جان می‌رود تیر تماشایش
زبان ارغنون دارد صدای دختر تاجیک

اگر در کیسه کم‌داری زگنج حوزه‌ی فارسی
نخواهی بوسه‌ی قیمت‌بهای دختر تاجیک

۱۶

زاده‌ی پنجشیر و پامیر بدخشانم هنوز
خوشه‌چین خوشه‌های تاک پروانم هنوز

از دلم کی می‌رود مهر رخ تهمینه‌ها
تشنه‌ی آب لب دخت سمنگانم هنوز

من نه فرهادم ولی طعم شیرینی داشتم
عاشق بادام بلخ و توت خنجانم هنوز

ریگ آمویم که یار مهربان آرد به یاد
رودکی چنگ می‌زند در رگ‌رگ جانم هنوز

کی رود از دیده تصویر هریوای عزیز
خادم خلوت سرای پیر مستانم هنوز

صد سبد گل دارم از باغ و بهاران وطن
مشتری مشک خوشبوی خراسانم هنوز

گر دَر و دیوار این می‌خانه را آتش زدند
هم‌نشین عارفان بلخ باستانم هنوز

سنگ تهداب مرا سعدی و مولانا گذاشت
همچو عید نو حریف قفل و زندانم هنوز

از چه می‌کوشی زمستانی کنی باغ مرا
برگ و باری خواهم آورد از بهارانم هنوز

۱۷

آسمان باشی و نورت را بدزدند سخت نیست؟
مرد باشی و غرورت را بدزدند سخت نیست

چون شوی موسی و تا دردت بگویی با خدا
حین دیدار کوه طورت را بدزدند سخت نیست

صاحب زیباترین فرهنگ و هَنگ باشی ولی
پیش چشمت فولکلورت را بدزدند سخت نیست

خون خود را ریخته باشی در ره خاک وطن
کابل و پنجشیر و غورت را بدزدند سخت نیست

یوسفت را برده باشند از غمش یعقوب شوی
بعد از آن چشمان کورت را بدزدند سخت نیست

پیش چشمت خون خلق بی‌گنه جاری شود
از کفت جام شعورت را بدزدند سخت نیست

حسرت ویرانی میهن بسوزد سینه‌ات
مُرده باشی خاک گورت را بدزدند سخت نیست

زاده‌ی خورشید و ماه و کهکشان‌ها باشی
ریشه‌ی اجداد و پورت را بدزدند سخت نیست

عهده‌دار همت بی‌دار اسرافیل شوی
ناله‌های نای سورت را بدزدند سخت نیست

۱۸

شیون من نه از آن است که آشفته تنم
دردم این است که من در وطنم بی‌وطنم

سر اگر رفته هنوز باقی بُوَد نقش زبان
خون خود می‌نگرم خورده‌گره در سخنم

مادرم وسعت دریاست و من موج بلند
زاده‌اندم که سر از سقف ثریا فکنم

گر از این مجلس خوکان سلامت نروم
خواهم ای شعر تو باشی دم مردن کفنم

میهن آغوش من و جان من و روح من است
من نه پیدا شده‌ام تا دل از این جا بکنم

۱۹

مُرده‌ها زنده شوید که زنده‌ها مُرده همه
دیده را وا بکنید که دیده‌ها مرده همه

مورچه‌ها پَر بکشید پر بزنید پر بزنید
مورچه‌گک‌ها بپرید پرنده‌ها مرده همه

خوشه‌ها مَی نشوید جام لب شکسته را
کوزه‌ها سَر ندهید چشیده‌ها مرده همه

جاده‌ها بسته شوید بسته شوید بسته شوید
حرف این ره‌بلدان باد هوا بوده همه

راهیان ره نروید در پی این ره‌شکنان
ره جدا پیشه جدا ایده جدا مرده همه

۲۰

ماهی به قلاب افتید دریا نگفت حرفی
طوفان پَر قمری بُرد عنقا نگفت حرفی

تا با دم تیغ خود واعظ سر ساقی زد
شرمید فرو ریخت مَی اما نگفت حرفی

اشکی برِ رویش، خون بر در و دیوارش
در خون تپید کابل، دنیا نگفت حرفی

صدکاسه پر از خون شد از دیده‌ی بامیان
از سنگ صدا آمد، بودا نگفت حرفی

شد رنج بهاران را پاییز تماشاگر
خشکید لب لاله، صحرا نگفت حرفی

غم دامن تان گیرد این دار مکافات است
فردا پی تان جوید، حالا نگفت حرفی

۲۱

چه عجب نشسته در دل غم بی‌حیایت امشب
ولی از حیا نگویم به‌کسی جفایت امشب

نبری گمان که رفتی همه را تمام کردی
غزلی تراش کردم که نشسته جایت امشب

نه غلط گفتم این من که تو در غزل بیایی
دَر و کوچه ناله دارد همه از برایت امشب

به کجا گذر نمودی، ز کدام رهی تو رفتی
که دو دیده را بمانم سر خاک پایت امشب

چه شود به رسم دیرین خبری بگیری از من
که دو دست بی‌نوایم نکند دعایت امشب

غم ما اگر نداری که غمت چه کرده با ما
بت بی‌حیا! حیا کن کمی از خدایت امشب

۲۲

پر شد انبار جهان از زوزه‌ی بیدادگر
بر نخیزد بانگ مستی از گلوی دادگر

اژدهای در حریم پارسایان می‌چرد
بر نیاید از غلافی تیغ هیچ ایرادگر

برق نور اندود ما با دود گندی کور شد
نیست در شام غریبی مشعل آزادگر

بستر دد گشته صحن خانقاه مولوی
دَور نان پیچیده تار همت ارشادگر

بر نتابد بازتاب ماهتاب شب فروز
صبح پرچم‌دار روشن‌زاده‌ی فریادگر

ریخت شهر آرزوهای هنرمندان ما
نیست دستی پر تلاش آدم بنیادگر

این امیرانی که می‌گویند ز درد مشترک
مشتری‌های زر اند با ظاهر امدادگر

تا نگردد مشت شان خالی ز اسباب مدد
کی شوند از مردم اندیشه‌ویران یادگر

۲۳

چرا از سنگ می‌پرسی دلِ در دامِ داغی را
چرا خاموش می‌سازی نوری را چراغی را

به آهن تیغ‌داشتن، تیشه‌بودن را نیاموزید
مبادا در گلیم سوگ بنشاید باغی را

به اوج بدگمانی می‌رساند مهر، آفت را
علف با مرگ خود مستی دهد لاغرالاغی را

چمن جای زغن‌ها نیست بلبل را نرنجانید
که گلگشت چمن‌زاران نمی‌زیبد زاغی را

به آتش کی توان گفتن بهای غنچه‌های تر
نه عطری تازه می‌سازد مشام بد دماغی را

بیابان بیان رادمردان سخن خالی‌ست
چرا بی‌هوده می‌جویی سراغ بی‌سراغی را

۲۴

سر تهی سودا تهی ساغر تهی مینا تهی
وای اگر دنیا شود از مردم دنیا تهی

مردگان آیینه‌داران جمال زندگان
زندگی از زندگان زنده و کارا تهی

زهره‌ظاهرها ثریا تا ثریا دور هم
آسمان نیله‌گون از ظاهر زیبا تهی

بی‌سبب ما انتظار صبح نو می‌داشتیم
شب به‌سر آمد ولی از رونق فردا تهی

ازدحام لفظ بین و بی‌تماشایی عشق
شیشه‌ی اندیشه‌ها از صورت معنا تهی

بسته بِه احراریا دروازه‌ی شهر سخن
کله‌ی پُر می‌شود از گفتن بی‌جا تهی

۲۵

آنچه را در طلب یار فنایش کردیم
خون دل بود و تقدیم جفایش کردیم

ره نرفتیم و نبردیم خیال از بر او
چون نشد رام، سفارش به خدایش کردیم

تارک دهر نییم و مگر از بابت عشق
آنچه داشتیم، سپردیم، دعایش کردیم

وضع دنیای دنی نیست دگر قابل دید
با امید طلب دوست رهایش کردیم

مثل گرداب که در محور خود می چرخد
همچو پرگار سر خویش فدایش کردیم

۲۶

خراب و خسته‌تن کردی دریغا نوجوانی را
به آتش برکشیدی، خاک کردی آشیانی را

وفا را مو به مو ریختم به پای تند رفتاری
نشد من مهربان سازم به مهر نامهربانی را

چو طفلی دامنش با گریه‌های تلخ بوسیدم
به امیدی شیرینی داده باشم من دهانی را

دهن با آتش افکند و به تندی پاسخم را گفت
برو خشکیده گُل، روشن نکن آتشفشانی را

بسویش دیده وا کردم، و با چشم‌ترم گفتم
بهاری را خزان کردی چه خواهی کرد خزانی را

۲۷

از من جهان کهنه‌ی در دست مانده است
چشمی که رود گشته روانست مانده است

از عشق، از امید، از شهر آرزو
تنها رهی به کوچه‌ی بن‌بست مانده است

جام است جرعه است شراب است و شعر
چیزی که یادگاری یک مست مانده است

از قامت بلند درختان عمر من
یک شاخه‌ی شکسته‌ی قدپست مانده است

گویند خموش! این‌همه از سر ببر بدر
آری همین خموشی پابست مانده است

از شاهدی گذشتم و اما چسان کنم
با داغ کهنه‌ی در این شَست مانده است

۲۸

تو نبودی و ببینی که نبودنت غمی داشت
دل کوچکم به یادت چه کلان جهنمی داشت

چو به آتشم کشیدی نظرم چرا نکردی
که ببینی عالم من چه عجب عالمی داشت

تو که رفته‌ی ز ساحل سفرت بخیر اما
دل مهربان دریا چه خلاف ترنمی داشت

غم ماهیان یک‌سو، سر موج و سنگ یک‌سو
ننشستی و ببینی صدفی چه ماتمی داشت

پر مرغ قاصدم را که شکست بار سنگین
ز بسی از نم دل، دل نامه‌ام نمی داشت

۲۹

نشناسم از تو بهتر که تو آشناترینی
تو تجلی تمامی، تو طراوت‌آفرینی

شب تیره را تو نوری، لب تشنه را تو آبی
دم جان‌فزای عیسا، تو دمِ دلِ حزینی

همه دیریان ترسا شده تارک کلیسا
شده مومنان ز مسجد که تو پیرو چه دینی

ز چه گِلِ سرشته اندات، ز چه روح دمانده اندات
که همه ز حیرت تو زده سر به بی‌یقینی

همه بنده‌اند خدا را، همه سر به‌سوی اوی‌اند
تو چه با خدا نمودی که چنین نازنینی

نشود کسی متعجب به فرشته‌گان فردوس
تو تفاوتت همین است که فرشته‌ی زمینی

۳۰

تفنگ است، آتش و دود است، طوفان است
جهنم گشته دنیا حاکم شهرش شیطان است

نقاب و قالب است آیینه هم چندان صادق نیست
تمام چهره‌ها در پرده‌های دین پنهان است

صدا و ناله است، آه است، تزویر است
گلوی نغمه‌ی شادی اسیر این گریبان است

چه دردی می‌کشد دریا، چه خونی می‌خورد جنگل
چه رنجی می‌برد حیوان این موجود انسان است

ریا گردیده آیین روابط‌های امروزی
بجای خنده در لب‌ها سرود سردِ گریان است

طبیعت خالی از درد فراق و غصه و غم بود
کدامین اشتباه مسئول این آیینه‌گردان است

کشاکش‌های کیش‌بازان کشانید دامن غم را
از آن روز تا امروز این چنین آدم پریشان است

۳۱

رنج و شکنجه است، عذاب و جهنم است
آنکس که زود رفته از این دار بی‌غم است

ای عقل برو که خانه‌ی دل را شرر زدی
آنی که مست می‌گذرد غصه‌اش کم است

من نامه‌ی نخوانده‌ی پُر راز بسته‌ام
این نامه دست نوشته‌ی یک مرد بی‌دم است

ای باد وحشی بی‌سمت و سوی مست
کوشش نکن به بردن این نامه، پُر نم است

سنگلاخ گشته دامن من در گذار عشق
دریاست میهنم، آهم ترنم است

قاضی! سزای هرچه گنه بود به من زدی
اما در این معامله مجرم دو آدم است

ماهی و غاز هردو به دریا شناورند
هنگام سیل ماهی سزاوار ماتم است

۳۲

سراینده می‌شم می‌بینمت من
تر و تازه می‌شم می‌بینمت من

چه نوری، چه رخشی، چه شمعی؟
که پروانه می‌شم می‌بینمت من

چه آهی، چه رعدی، چه ابری؟
چه بارنده می‌شم می‌بینمت من

چه زلف‌های تاری تو را داده نقاش
نوازنده می‌شم می‌بینمت من

کدام باده‌مستی، چه نوشیده‌ای تو
به میخانه می‌شم می‌بینمت من

۳۳

من موج بی‌کرانه‌ی دریاستم مگر
کوه بلند و لانه‌ی عنقاستم مگر

ای صبر تلخ دامن ایراد من نگیر
من وسعت حواله‌ی صحراستم مگر

با من چرا مصلحت رنج عام و تام
من صاحب قباله‌ی دنیاستم مگر

ای بلبلان فرصت مستی کجا شدید
من قاتل شمامه‌ی گُل‌هاستم مگر

برگی که زود رفته در آغوش بادها
شطرنج کودکانه‌ی رنگ‌هاستم مگر

باری نبسته بست جوانی به روی من
پیر هزار ساله‌ی عقباستم مگر

۳۴

به باغ آرزو جز سرو سیمای تو ننشانم
توانم ترک خویش و ترک سودای تو نتوانم

نبستم دل که آسان وارهم رسم رفاقت را
ز دسم رفته‌ی اما رد پای تو می‌دانم

سر هر صخره‌ی سر روی زانو مانده و تکرار
سرود چشم آهوی دل‌آرای تو می‌خوانم

نه بیم گم‌شدن دارد دلم نی ترس رسوایی
دلم را کی شود از طرف صحرای تو بستانم

نگین بخت من هرگز نشد انگشتر دستت
شود روزی به سر خاک کف پای تو افشانم

۳۵

خدا می‌داند از من بعد مُردن یاد می‌ماند نمی‌ماند
غباری از تنم آیا برای باد می‌ماند نمی‌ماند

نه کاخی ساخته‌ام، نی کاج و نی برج تماشایی
چه می‌داند کسی شعرم بنیاد می‌ماند، نمی‌ماند

گلو در گفتن حرف حقی بی‌حد خراشیدم
نمی‌دانم ندایم مثل یک فریاد می‌ماند نمی‌ماند

بمیرد آدمی این‌جا روانش شاد می‌گویند
روانم را ببینم روز محشر شاد می‌ماند نمی‌ماند

بشر غیر شرر چیزی ز دستانش نمی‌آید
بهشت زاهدان از دست من آباد می‌ماند نمی‌ماند

جهان را زیر و رو کردیم و کشتیم آفتابش را
جهنم از قدوم شوم من آزاد می‌ماند نمی‌ماند

۳۶

غمی می‌روید و دردا بنی‌آدم حواسش نیست
خزان می‌آید و این‌جا گل مریم حواسش نیست

شقایق‌های عشق‌انگیز این‌گلشن غم‌انگیز و
گلی می‌ریزد و اما ببین شبنم حواسش نیست

دو ماهی از دو دریای جدا دل‌بسته‌ی هم شد
دو دل میمیرد و آها یکی را هم حواسش نیست

گیاهی می‌سپارد جان خود را پیش پای شن
درختی می‌کُشد خود را اما نم حواسش نیست

شکست آیینه تا اشک رخ آزاده‌ی را دید
دلم می‌گرید و داغا جناب غم حواسش نیست

شهاب ابلهان بُردست توازن از کف گیتی
زمین می‌پاشد و گویا خدا کم‌کم حواسش نیست

۳۷

صدایم بشکن اما گلویم را چه خواهی کرد
زبان بی‌غش خشمانه‌گویم را چه خواهی کرد

اگر تنهایم و دستم ز تیر آرشی دور است
سرشت سرکش آزادخویم را چه خواهی کرد

بریزان جام مستی‌های من در جاده‌ها اما
چنین دریای جوشان سبویم را چه خواهی کرد

یکی شمعی ز مجمر برده‌ای و کشته‌ای شاید
چراغ روشن بی‌سمت و سویم را چه خواهی کرد

به باد تند ویران‌گر توان غارت خاک است
بگو این کاخ تاریخ نکویم را چه خواهی کرد

ز لوح و دفتر و دیوان اگر برداشته‌ای نامم
نگین خوش‌درخش آبرویم را چه خواهی کرد

۳۸

چرا این کوچه‌ها از تابش مهتاب می‌ترسند
چرا این پُلچه‌ها از شرفه‌ی هر آب می‌ترسند

نگو از ژاله و طوفان و از گردباد شن‌آلود
که این ماهی‌گکان از خیزش سیلاب می‌ترسند

فریب است راحتی در دامن صحرای ناهموار
که آهوزادگان از لحظه‌های خواب می‌ترسند

چه آسیبی رسید مرغ غنامند سحرزا را
شباهنگان چرا از زوزه‌ی شب‌تاب می‌ترسند

عجب گیرمانده در گل زورق موج‌آشنای ما
چرا این نوحیان از گردش گرداب می‌ترسند

مگر اهریمن سالوس اسیر دست سهراب بود
که رستم باوران از مردن سهراب می‌ترسند

چسان آلوده گردید این شراب همت جمشید
ببین آتش‌گران از سردی سرداب می‌ترسند

۳۹

کوه غم در دل و در دیده دو دریا دارم
من چه ویران‌شده سقفی به ثریا دارم

با چه سنگی شکنم شیشه‌ی فریاد دلم
در گلو صاعقه‌ی هیبت صحرا دارم

مست و بی‌حوصله در کار تماشای خودم
رفتن خویشتن خویش تماشا دارم

سیل بنیان بر چشم اندکی آهسته که من
خانه در دامن پیراهن دنیا دارم

ای تواضع چه در آغوش پلنگ می‌خوابی
پرنیانی ز پر حرمت عنقا دارم

نگها از هوس خواب من این بار برو
من قرار دیگری با شب زیبا دارم

چه نسیمی! ز کجا هوش مرا برد که من
شوق آبادی میخانه و مینا دارم

۴۰

ما به قانون گیاه گه‌گاه پی می‌بریم
بر غریبی‌های یک آگاه پی می‌بریم

ما شبیه گل رفیق خار می‌شیم در سفر
ناگهان بر زشتی همراه پی می‌بریم

مثل پیچک می‌رویم دور گیاهان دگر
از سقوط، از درد، از پرتگاه پی می‌بریم

همچو شب‌بوها برای دیگران بو می‌دهیم
از دل یک آدم گمراه پی می‌بریم

چیست دنیا، چیست مردی، کیست دوست
جمله را از ماجرای راه پی می‌بریم

وقتی گاوی سبزه‌ی را می‌خورد
از شکستن‌های دل ناگاه پی می‌بریم

عمر ما خطی میان فصل پاییز و بهار
وقت مرگ برگ هم از آه پی می‌بریم

وقت شب‌گردی میان کوچه‌های زندگی
نیمه‌شب از سرنوشت ماه پی می‌بریم

۴۱

باغ عاشق شب عاشق ماه عاشق می‌شود
جنگل جنگ‌آور خودخواه عاشق می‌شود

نازنین آهسته پا روی زمین دل بمان
خوب می‌دانی مسیر راه عاشق می‌شود

تا تو از کلکینچه‌ی پیراهنت سر می‌کشی
حسرت و بغض گلو با آه عاشق می‌شود

با بهاران با خزان با برف روی کاج‌ها
این دلی دیوانه‌ام ناگاه عاشق می‌شود

عیب دل نیست، بوی زلفت محشر است
در بهاران عاقل و گمراه عاشق می‌شود

۴۲

با تو موجی‌ست که دریا نتواند حملش
کاروانی‌ست که صحرا نتواند حملش

چشم از آن قله‌ی بالا و بلند دور ندار
با تو بالی‌ست که عنقا نتواند حملش

ای که آزند درخشانی مهتاب شدی
با تو ماهی‌ست ثریا نتواند حملش

گنج اندیشه که در کنج سر انباشته‌ای
کهکشانی‌ست که دنیا نتواند حملش

رستم خویش شو و رخش تدابیر بتاز
رستم آنی‌ست که رویا نتواند حملش

هله بر دور و بر کعبه چه می‌چرخی بیا
کعبه جای‌ست که بت‌ها نتواند حملش

۴۳

نمی‌دانم چرا این دیرشدن‌ها زود می‌آید
ز چشم زندگی اشکی بسان رود می‌آید

دروغ آراسته قامت را و سیر آسمان دارد
حقیقت با دهان خون خون آلود می‌آید

بجای رونق روزن‌نواز تابش خورشید
سراغ دل‌فگاران آتش نمرود می‌آید

بجای چهچه مرغ سحرخند بلندآواز
از این کلکینچه‌ها پیوسته آه و دود می‌آید

درخت زندگانی بی‌ثمر، بی‌برگ پژمرده
بهار آرزو بی‌سرو و ساز و سود می‌آید

غریو مجلس ابلیس جادو کرد نایش را
کزو آواز خر چون نغمه‌ی داود می‌آید

۴۴

شب نمی‌شد چیره این‌سان در کران روشنی
دامن کیوان نمی‌رفت از کف روزی اگر

این‌قدر زود اعتبار عشق نمی‌دادیم ز دست
دل نمی‌دادیم به‌دست مطلب‌اندوزی اگر

سر نمی‌آمد حیا از چشم زاهد این‌چنین
راز مجلس را نمی‌گفت رند مرموزی اگر

کی پر پروانه می‌سوخت در تف هر آتشی
در سر پروانه می‌بود مغز دل‌سوزی اگر

مشعل اندیشه دنیا را زیبا کرده بود
سنگ جاهل را نمی‌خورد دانش‌آموزی اگر

کشتن فانوس ما با تیغ باد آسان نبود
غافل از ظلمت نمی‌شد اختر افروزی اگر

۴۵

باش تا دنیا شود زیبا و کوری گم شود
از دماغ خشک واعظ بی‌شعوری گم شود

تا که طاووسی نریزد پیش پای زاغ پر
از نهاد کرکسی مردارخوری گم شود

هیچ‌کس سنگی نماند پیش پای هیچ‌کس
ناجوانی، بزدلی با راه‌جوری گم شود

باش تا مرغ پرستو لانه آراید به باغ
از گل سوری کمی این ناصبوری گم شود

بوسه باران قشنگش را ببارد بار بار
رنگ دیوار جدایی، شکل دوری گم شود

تا نیایی و نبوسی و نگیری دست من
داغ حسرت از دلم آیا چطوری گم شود

دختری دیگر نترسد از به دنیا آمدن
رسم دیرین سیاه زنده‌گوری گم شود

جاده جای موتر و ماشین نباشد بعد این
ازدحام آهن و فولاد و موری گم شود

۴۶

خنده می‌کردی دلم را از برم انداختی
چشم‌هایم را گرفتی دلبرم، انداختی

مثل باران بار بار باریدی بر بام دلم
مثل طوفان خانه‌ام را بر سرم انداختی

با علف با برگ‌ها با غنچه پیوند داشتم
با خس و خار بیابانی درم انداختی

بر لبانت دام داشتی در دو چشمانت قفس
پرپرم کردی چو مرغی و پرم انداختی

طعم لبخند شیرینم رفته رفته شور شد
بس نمک‌ها بر سر زخم ترم انداختی

آب بودی آمدی آوردی کوه سیل را
لانه‌ام را، های سیل محترم! انداختی

۴۷

نخور ته‌مانده‌های ساغر شیخ سبک‌سر را
اگر هم می‌خوری خون دل دیوانه‌ات را خور

شراب شعله‌دم مستی‌فزای مغز زاهد نیست
دمی با خیل مستان دیگر پیمانه‌ات را خور

به دریا دل بده دریا شو و موج‌آفرینی کن
ز ساحل بگذر آنسو حلقه‌ی زولانه‌ات را خور

به پهلویت کسی گر نامد و نامت به لب ناورد
خودت پهلوی خود بنشین، صبحانه‌ات را خور

بمیر از تشنگی لب تر نکن با کاسه‌ی ناکس
بخند و اشک چشمان جهان‌بینانه‌ات را خور

کبوتر جان! اگر ماری تو را در آشیان آمد
بلند شو پیش‌دستی کن غم نو لانه‌ات را خور

کبوترا! شهر زیبا نیست خبر کن دوستانت را
برو از جنگل و دشت و بیابان دانه‌ات را خور

۴۸

به طرز شیخ می‌جستم به چشم سر خدا را من
فلک را زیر و رو کردم ندیدم آشنا را من

ندانستم می‌جویم ز ظلمت جلوه‌ی خورشید
نفهمیدم نباید جست فروغ ناکجا را من

عقب برگشتم و پا از رکاب شیخ برداشتم
دَر چشمان سر بستم گشودم دیده‌ها را من

نگه کردم هرسو دیگ رحمت جوش می‌آید
ندیدم فرق پیر و مرشد و شاه و گدا را من

به خود گفتم تبه کردی تمام زندگی با شیخ
چرا عمری نمی‌دیدم دل مشکل‌گشا را من

به نفرینی کشیدم دست چشمان خطابین را
که کاشا دوستان بد نمی‌داشتم شما را من

گرت خواهی خدا جویی جای چشم بگشا دل
ندیدم تا که نگشودم دل اسرارنما را من

۴۹

رونق شام شده‌ی صبحک نو رسته برو
خار صحرا شده‌ی شاخه‌ی گلدسته برو

نوبت زاغ و زغن آمده در باغ و چمن
ای دل خسته‌ی من از من دل خسته برو

لب نجنبان و نگو راز دلم پیش جهان
با لب بسته رسیدی به لب بسته برو

بر نیفروز چراغی و رهی راست نرو
با کژی‌های فلک دایم و پیوسته برو

من که آشفته شدم از دو رخی‌های فلک
رخ بگردان از این رشته‌ی نا رشته برو

۵۰

ما مردم سردرگم دنیا و زمانیم
آواره‌ترین مردم بی‌جاشده‌گانیم

از دهکده و میهن خود دور گریزیم
چون آب سراسیمه به هرجوی روانیم

این کره‌ی خاکی مگر از جمله بشر نیست
هیهات که بر دوش فلک بار گرانیم

این ساحل و زروق‌گه عام است چرا ما
کشتی‌گک خود را لب این بحر نرانیم

اندازه‌ی یک کوه بزرگ غم‌زده ما را
غم‌نامه‌ترین مرثیه‌ی شعر جهانیم

انسان شریک غم انسان دیگر نیست
گرگ آمده بودیم که تا گرگ بمانیم

۵۱

اگر آهن بود دشمن چه غم آهنگرانیم ما
عقاب قله‌گردیم و همای لامکانیم ما

نه بیم اژدها در دل نه پروای ددی در سر
تو گر آتش‌دهانی و همی آتشفشانیم ما

برو ای قایق ویرانه از دریای طوفان‌خیز
که موج بی‌سر و پاییم، بحر بیکرانیم ما

به فتح آسمان کوته بود پرواز هر جغدی
نه ذوق پرگشودن کن، اوج آسمانیم ما

چراغ اهرمن در خانه‌ی عارف نمی‌سوزد
همه پور خراسان و همه صاحب‌دلانیم ما

۵۲

زبان در راه آزادی شود قربان می‌ارزد
جهان در راه آزادی شود ویران می‌ارزد

ندیدم واژه‌ی خوشترتری از نام آزادی
شود بر دفتر جانم اگر عنوان می‌ارزد

نترسید از بیان خواب تان یاران کنعانی
عزیز مصر شدن با شب زندان می‌ارزد

اگر با گریه یا لبخند و یا با ناله و زاری
بگیرد مادری را کودکی دامان می‌ارزد

ببار ای اشک رودآسای دریاگرد من امشب
برای این چمن باریدن باران می‌ارزد

۵۳

آخر ای درد گران چیست مراد دل تو
یا رسیدست خطا از دل من با دل تو

ناز نرگس نکشی و غم هر خار خوری
دشمن گل شده و دوست سنگ‌ها دل تو

با کدام روی گپ صبر و حیا می‌گویی
از دو چشمم روان کرد دو دریا دل تو

حیف این شعر دل‌انگیز غم‌انگیز شود
چه کنم یاد ندارد گپ زیبا دل تو

دل که دانشگه عشق است، نه بازار جدل
از کی آموخته این درس ریا را دل تو

۵۴

سلح‌شوران سلاح هاتان سپر باید شود امروز
نگاه‌هاتان به خار و خس تبر باید شود امروز

سپاه رزم روز بد! بدی بی‌حد گذشت از حد
از این ظلمت‌دهِ دهشت گذر باید شود امروز

ز کوه و دشت این وادی برارید ریشه‌ی خصام
که سنگ خاره‌ی میهن گهر باید شود امروز

شما ای زارعان خاک پاک آریا، کشاورزان!
شما را شخم شیدایی ثمر باید شود امروز

سلح‌شوران به پا خیزید، هنرمندان قلم گیرید
به پا خیزید و میدان از هنر باید شود امروز

شما ای رستمان رسم دیرین جوان‌مردی
به حال زار این مردم نظر باید شود امروز

به دهل ناکسان تا کی چنین ناشاد رقصیدن
شما را دست و بازوها دگر باید شود امروز

۵۵

بشکنیم تقدیر خود را بگسلیم زنجیر را
تا به فرداها رسانیم ناله‌ی شب‌گیر را

آه من آه تو را آهسته گر گیرد بغل
می‌شود فوجی به منزل می‌رساند تیر را

باوری آور برادر سوزنی در کار نیست
بار دیگر پینه سازیم دکمه‌های چیر را

دست بر دستان دوستان رهایی بفشریم
دست ره‌زن را زنیم و گردن ره‌گیر را

اشک چشم مست خود را پاک کن آزاد شو
صبح زیبا می‌رباید این شب دل‌گیر را

۵۶

صدای صخره‌ها با تو بلند و هم‌صدا پنجشیر
اگر با دشمنت اهریمن است با تو خدا پنجشیر

خراسان با تو، من با تو، خداوند جهان با تو
سحر خورشید می‌زاید شبستان تو را پنجشیر

ز کوه و دره و دشت و دیارانت دعای خیر
که از چنگال چنگیزان رها باشی رها پنجشیر

من اما تا گلوی دارم و تن با من است، هرگز
نخواهم شد ز پهلوی دل‌انگیزت جدا پنجشیر

وطن‌گم‌کرده مرغی بر درختی زار می‌نالید
که من گم‌کرده‌ام باغی تو می‌نالی چرا پنجشیر

حوادث رفتنی، شب مردنی، غم نیز بی‌بنیاد
به گوش دل شنیدم آشکارا این ندا پنجشیر

شکیبا باش و باور کن شکوه کوه و دریایت
سر و چشم و تن و جانم تو را بادا فدا پنجشیر

۵۷

بلبلی نیست که در انجمن آواز کند
یا دلی خوش کند و لحظه‌ی پرواز کند

شاعری گم‌شده در باور آواره‌ی خود
تار قیچی زده‌ی با چه سری ساز کند

این بهاری که تو می‌گویی نه رنگی دارد
با چه شوری گل بیچاره زبان باز کند

رگ‌رگ برگ صنوبر خبر از درد من است
وقتی در میهن من فاجعه لب واز کند

عندلیبی که سراپا همه آهنگی داشت
ای دریغا که مداحی سیه‌باز کند

ای پرستو تو اگر رخت ببندی بروی
نسترن با چه شکوهی به خسی ناز کند

چون چناران بلند قامت خود راست کنید
تا زمین دکمه‌ی پراهن خویش واز کند

روید از خاک وطن تاک که تا خوشه دهد
ساقی با باده‌کشان عربده آغاز کند

۵۸

مثل جنگل‌های نورستان تنم آتش گرفت
کاش تن می‌بود دریغا میهنم آتش گرفت

گرچه انسانم ولی با بلبلان بودم رفیق
شاخه‌ی از گل نه چیدم، گلشنم آتش گرفت

با بهارش شاد اما با خزانش خسته‌ام
آنچه می‌خوانی وطن تو، او منم آتش گرفت

زان زمان‌های که گم شد گرد خاک کشورم
گم شدم در گریه‌هایم دامنم آتش گرفت

من شریک غصه‌های سرزمین خاورم
دشت‌هایم، دره‌هایم، برزنم آتش گرفت

۵۹

منور می‌کند دل را نسیم صبح کوف‌آبش
عروس عقل را سازد زرافشانی رزافشانی

نشاط شیوه در جام جمشید جهان‌گیر نیست
اگر جامی به جام او بجنگانی بجنگانی

بهشت ناتمامی خاش‌وشغنان و واخانش
نگیری دل ز دیدارش به آسانی به آسانی

عجب عیش و طرب دارد صدای شرشر آبش
کنار رود سرغیلان غزل‌خوانی غزل‌خوانی

دو چشم دلبرانش آهوان وحشی راغی
به‌دست ناید آهویی به این ارزانی ارزانی

همه خوبان گردون گر به عزم داوری آری
ندیده عاشقی معشوقه‌ی با این خرامانی

بیا تا قوی هجران دیده پروازم بیاموزی
که آن‌سو دلبری دارم بدخشانی بدخشانی

۶۰

در ساحت آهوان ببین گرگان را
این گله‌ی بی‌ثبات بی‌وجدان را

ددهای برهنه‌پا و دیوهای پلید
خوکان فرومایه‌ی این دوران را

خواهند که گلوی دره‌ها را ببرند
آواز بلند موج نافرمان را

با خون فرشته‌ها وضو می‌گیرند
پیشوای نمازشان ببین شیطان را

چوپان دیار دور و آبادی و ده
با گرگ سیاه خود سپرد میدان را

آذوقه‌ی مار بی‌خدا در کف زاغ
مرغ سحر چمن دهد تاوان را

در حیرتم از خموشی قوم بزرگ
کوچک شمریده این چنین بحران را

۶۱

نه‌پذیرم که پذیرد دل من موعظه را
نه‌گزیرم که گزیرد نگهم شعبده را

نه‌تراشم بت بی‌جان، نروم سوی کسان
نه‌توانم بپذیرم بت بی‌معجزه را

نه‌دهم گرد به دنیا نه‌شوم تاجر خاک
نه من آنم که ببینم جسد جامعه را

سر من به تیغ آید چو اسیر بی‌گناهی
نه‌گزینم که گزیند گذر غایله را

نه‌سپارم سپرم را نه ز سنگرم گریزم
اگر آیم بدر آیم بدرم حوصله را

اگر از عبور معنا نشود سخن مرا یار
دَر وزن‌ونظم بندم شکنم قافیه را

ننشینم که نشیند به‌سرم گرد زمان
به نژادم چه بگویم که چشد قافله را

روش شیشه ندانم نه‌خورم طعنه‌ی سنگ
نه هراسم ار شنیدم غرش صاعقه را

نه گذاردم گمانم نه کنم قبولِ راحت
چه حزینم و ببیند وطنم فاجعه را

۶۲

تا سنگری دارم زنم سنگ بر سر جنگ‌آوران
ننگ یلان را آفرین نفرین به ننگ نوکران

غوغای دریا در دلم طوفان صحرا در سرم
موجم که برهم می‌زنم عزم نهنگ جابران

دارم توانا زورقی سازم ز فولاد اصیل
قلاب گیرای قوی بر قلب خرچنگ باوران

از کاروان کاوه‌ام کشتی‌نشینان کروش
آتش دهم آهنگ خویش چون آهن آهنگران

بارانی‌ام بحرانی‌ام سیلاب من را کن حذر
جاری شوم در جاده‌ها بی‌جا کنم سنگ گران

دارم دلی آتش‌تنی تُند ناله‌ی بنیان‌کنی
آهی اگر بیرون کشم سوزم جهانی بیکران

۶۳

این بلندی‌ها که در نزد شما پستی کند
با شماها صاحب کاشانه هم‌دستی کند

های دزدان! دزد ما ماییم می‌دانید شما
دزد با دزد خودش دزدانه هم‌دستی کند

نوکر بیگانه بودن در حریم یعنی شبی
با سگ بیگانه گرگ خانه هم‌دستی کند

دیده بودیم دام را صیاد را اما دریغ
مرغ آزمند دایما با دانه هم‌دستی کند

آرزوی آشیان در ساحت نرگربه‌ها
مثل اینست شمع با پروانه هم‌دستی کند

سرنوشت تلخ خواهد داشت اگر
مار را کفتر به غصب لانه هم‌دستی کند

۶۴

سیاست ای سیاهی، ای تباهی دانش آدم
دروغ ناتمام و دشمن آسایش آدم

سیاست ای گلیم ماتم دیرینه‌ی دنیا
سگ دیوانه‌ی گیرنده‌ی آرامش آدم

سیاست صحنه‌ی تلخ رها در بستر تاریخ
دلیل دود و جنگ و لغزش و فرسایش آدم

سیاست سایه‌ی وحشی، وحشی گرگ!
فراتر رفته‌ی از ساحت گنجایش آدم

سیاست ای زیان دور از جبران هستی‌ها
مکان امن دیو و دد، شریک چالش آدم

۶۵

با آن‌که بال داشتیم قفل و قفس خریدیم
ما زندگی فروختیم نیم نفس خریدیم

ای کاش می‌پریدیم از شاخ خشک دنیا
گلشن گرو نمودیم رفتیم و خس خریدیم

هنگام کشتن باغ سنگ‌سا سکوت کردیم
هم‌دست اره بودیم آری جرس خریدیم

در مرگ مرغ بی‌مرز کتمان ظلم کردیم
ققنوس سر بریدیم مشتی مگس خریدیم

در قحطی مروت در اوج لغزش مهر
پهلوی عشق بودیم اما هوس خریدیم

منزل زدیم و اما راهی به‌سر نه‌بردیم
خود ناخدا و اما بی‌جا عسس خریدیم

۶۶

علیه هرچه بیداد است باید داد فریادی
نباید شد شریک جرم پستی‌های شیادی

چرا باید جهان جای خسیسان خبیث باشد
چرا گردد اسیر کرکسی شهباز آزادی

وطن صید اسیر در قفس افتیده را ماند
که پرواز بلندش را ز یادش برده صیادی

به آتش باید افکند جنگل آکو پرور را
که گردد قوی دریاگرد گدای جغد بدزادی

به سوگ سربه‌داران دیده‌ی ما را نگریانید
تبرها را نخندانید به مرگ تازه‌شمشادی

نباید چشم شب‌گیری گردد مبتلای خواب
مبادا شمع شب‌داری شود قربانی بادی

۶۷

دریغا تا برادرهای ناراضی ما آگاه می‌گردند
چه یوسف‌های زیبای نصیب چاه می‌گردند

مسیر سرنوشت کاروان خسته نامعلوم
پی یکدیگر اشترهای مان از راه می‌گردند

عجب می‌دانم این خوشباوری‌های قبایل را
که با لب‌تشنه‌گان خون خود همراه می‌گردند

فرو گردید در گِلِ زورق هوشم، این دزدان
چرا در چشم شب‌کیشان شبیه ماه می‌گردند

گروهی آتشی در پیکر این خاک افروزند
گروه دیگری در کام آتش کاه می‌گردند

شما ای جمله یعقوب از پریشانی رها باشید
همین افتاده‌گان آینده هریک شاه می‌گردند

۶۸

با لب گریان و اما قلب خرسند می‌گریست
در عزای مرغک افتیده در بند می‌گریست

با دل آهن، شکوه کوه و با سختی سنگ
با سر آزاده بر بالای فرزند می‌گریست

می‌نوشت بر صخره‌ی با پنجه از خون تنش
ای وطن با نام زیبای تو سوگند می‌گریست

مثل دریا پر ز اشک دیده بود سر تا به پا
مثل موجی شکوه را هنگام لبخند می‌گریست

همت یعقوب با ایثار ابراهیم داشت
خنده می‌زد زیر لب در سینه هرچند می‌گریست

گور محبوب دلش را در دل تاریخ تلخ
خود به‌دست خویش چون پروانه می‌کند می‌گریست

پینه می‌زد زخم خاک خسته را با خون تر
بلخ را با چشم اندوه سمرقند می‌گریست

رستمی دارد به پشت‌اش پیکر سهراب را
از گرانی‌های درد او دماوند می‌گریست

گریه می‌آمد سحر را صبح را خورشید را
او برای یک خراسان شکوه‌مند می‌گریست

۶۹

در زمین و آسمان در کهکشان مستان برقص
مثل مولانای جان ای جان جان جان برقص

مست مست مست مست مست مست
بی‌خود از خود شو میان آتش سوزان برقص

تا به بلخ و روم و نیشابور و ایران مسندت
تاجیکان را تاج و تختی، رستم دستان برقص

همچو منصورحلاج خاکسترت را زنده کن
گه درون شعله و گه در دل طوفان برقص

از جهان بیرون بیا جود جهان‌بان را ببین
جلوه در منبر چه سودت آی در میدان برقص

کعبه فرسود و نشد سودی از آن رقصیدنت
گر خدا خواهی میان قلب این و آن برقص

۷۰

قمری قفس هوس کن پرواز شد کرایی
بلبل سکوت گرو گیر آواز شد کرایی

موسیچه موسیقی را با زاغ آشنا کرد
سوز از صدا جدا شد تا ساز شد کرایی

چیزی نمانده بر مرز جز سیم خار کهنه
تن تا عزیز گردید سرباز شد کرایی

ناگفته راز و دردت درمان اگر نگردد
در قحطی مروت همراز شد کرایی

دل در زباله انداخت اجناس دلبری را
از بوسه کیف کم شد تا ناز شد کرایی

گفتم وفا بعید است گفتی بعید بینم
دیدی دلا که آخر دمساز شد کرایی

۷۱

امشب از مستی بسیار خرابم بی‌حد
می‌کند چشم سیاهش عذابم بی‌حد

زاهدک باز نگو با من بی‌چاره چه شد
داده بود دلبر شوخی شرابم بی‌حد

رحم صیاد نیاید به پر بسته‌ی مرغ
در تنور نگهش کرده کبابم بی‌حد

خاطر بوی تن و کرته‌ی گل‌کاری او
عاشق برگ گل و عطر گلابم بی‌حد

دیده‌ی آبی او دیده شدم مرغابی
هم‌تبار صدف و خیزش آبم بی‌حد

۷۲

خدایا پرسشی دارم چه رازی در ته راز است
چرا دروازه‌ی دینت به هر بیگانه‌ی باز است

چه سهمی داده‌ی دل‌بسته‌گان درگه خود را
کلید خانه‌ات در دست آدم‌های ناراض است

چرا خودکامه‌ها خود با تفنگ عادت نمی‌گیرند
مکافات وطن‌دوستی چرا با خون سرباز است

زمین از پای پا بوسان چنان آکنده است نقشی
سر آزاده هرکس دارد این‌جا دردسرساز است

به هر مرغ خوش‌آوازی قفس زیر نظر دارند
تماشا می‌کنم تا صحنه را کرکس‌پرواز است

چمن زایش‌گه زاغان وحشی بیابانی‌ست
کلاغ هرزه‌ی فرمانده شاهین و شه‌باز است

۷۳

سپید بره‌ی را زخیل گرگ درید
سیه‌بره خندید و خندید و دید

چو گرگ روز دیگر سیاهش ربود
دو نیمش نمود و زبانش کشید

همه یک صدا زد زهی گرگ پاک
نداند سیه کم ز رنگ سفید

شدند شاد و گفتتد همه زیر لب
چنین گرگ خونخوار عادل کی دید

جهان چون چراگاه و ما گله‌ای
همه نزد گرگان مان بره‌ای

شدیم گله‌های سیاه و سفید
به مرگ رفیقان زدیم خنده‌ای

چو از ره رسیدند گروه‌های هار
خمیدیم و از پا زدیم بوسه‌ای

سپردیم سر مست و آزاده را
که گیر آوریم از کسان کیسه‌ای

ندار چشم آینده‌ی روشن، ار
در اندیشه پرورده‌ی بره‌ای

یکی در پی دیگری گم شدیم
نیامد به تن‌های مان لرزه‌ای

ز گوسفند نمایی آدم دریغ
نه فریاد و نی عادت غصه‌ای

به دین و زبان و به رنگ و نژاد
یکی مرده گم شد دگر زنده‌ای

کج اندیشه بودیم، با دست خود
به پای همی می‌زدیم تیشه‌ای

از آن روز سیه‌بخت دنیا شدیم
که در کوزه‌ی رنگ شدیم پشه‌ای

۷۴

من چه از مهر تو گویم دهنم کوتاه است
سوی مهرت نه‌رسیدم نه کسی را راه است

بس که با گریه گره زد دلم من بی‌تو شبی
دیده گرداب شد و دیده به راه ماه است

ما در آستانه‌ی دیدار تو گشتیم خراب
خشت این خانه اگر ریخت دلیلش آه است

گفتی جز ذره‌ی هیچم نفزودی تو غمی
آری دردی که تو دادی به آتش کاه است

سبب سرکشی آتش سوزنده خس است
آن که دستش در این شعله رسید آگاه است

۷۵

گفتمش دردی درون سینه دارم چون کنم
زهر هجران تو را از دل چه‌سان بیرون کنم

دلبرا داروی درد بی‌نصیبان تو چیست
گفت وقت ترک یاران نشه‌ی افیون کنم

گفتمش لیلای من دانی فراقت مزمن است
گفت هر شب با رفیقان قصه‌ی مجنون کنم

گفتم اندوه تو آب دیده جاری کرد و گفت
آب باران رحمت است و بایدش افزون کنم

گفتمش میمون‌تر از وصل دو دل آواره گفت
لحظه‌ی دل‌تنگی میل دیدن میمون کنم

گفتمش فریاد و آهنگ دل دیوانه؟ گفت
هرشبی با ناله‌ی نی من دلی را خون کنم

گفتم این قانون عیاران عاشق‌پیشه نیست
گفت می‌دانم چه با بازیچه‌ی قانون کنم

۷۶

جان در کف رضایت جانان گذاشتم
دل در گذار گردش طوفان گذاشتم

اشکی رهاندم و چشمی سپردم‌اش
این قیمتی نگینه چه ارزان گذاشتم

دریای بی‌کرانه‌ی سرخی روانه بود
خونی که در پیاله‌ی یاران گذاشتم

یک لحظه‌ی عمارت گردون ندیده‌ام
تا پا در این سراچه‌ی ویران گذاشتم

در جنگ نور و سیاهی، کنار عشق
در خدمت سپاه شان جان گذاشتم

سهم از شعاع روشن خورشید می‌برم
بس سینه در برابر شب‌ران گذاشتم

۷۷

می‌نوشم از جام بلورین دو چشمانت
می‌بوسم از لب‌های مینانوش خندانت

در کوچه تنهایی بیا شب‌های مهتابی
بی‌فصل باران هم می‌شود بوسه بارانت

خوش دارم آن خندیدن بی‌وقفه‌ات را من
وقتی که بیرون میشه از خانه دندانت

من با تو می‌باشم کنار ساحل و دریاچه‌ها
شامی که می‌رقصی و دریا میشه حیرانت

مرغان جنگل‌های وحشی می‌روند از هوش
وقتی که می‌جُنبانی لب‌های غزل‌خوانت

آیینه باشم روبه‌رویت، بر لبت شعر و شراب
می‌نوشی زیبا می‌شوی آیینه قربانت

زیبای من زیبایی‌ات را گل ندارد در جهان
با دست خود گل کاشته خالق در گریبانت

بوی تو را دزدیده اند گل‌های این کوچه‌ها
عطر تمام باغچه‌ها پیچیده بر جانت

۷۸

دوست‌دارم عشوه‌های دختر دهقان را
صخره‌های دامن کوه، ناله‌ی چوپان را

دوست‌دارم چشم تاجیک دختر عاشق‌کُشی
زلف پیچاپیچ مشکین صدف دندان را

دوست‌دارم رنگ شب را، رنگ ابر تیره را
آن سیه‌گیسوی شب‌بو، آن سیه چشمان را

دل سپردن نیست کار کودکان شیر طلب
دوست‌دارم عاشق دل‌باخته‌ی حیران را

آنچه از دل می‌تراود نقش بر دل می‌زند
دوست‌دارم صحبت نیم‌نیمه‌ی طفلان را

دوست‌دارم ناله‌های ناوه‌ی آواره را
همچو اشکی دانه‌دانه قطره‌ی باران را

خال هندو، نقش چینی، دلبران آذری
دوست‌دارم گونه‌های صورت ترکان را

دل چو عاشق شد نمی‌پرسد ز عمر آدمی
دوست دارم چهره‌ی چین‌خورده‌ی خندان را

۷۹

قشنگی‌های کابل در تب بسیار می‌سوزد
تو گویی آتشی در سینه‌ی افشار می‌سوزد

کجایی ای رفیق گل چرا خاموش می‌ایستی
«چراغ ظلم‌وظالم» در شب تخار می‌سوزد

به پاخیز و کمر بند و فلاخن گیر و سنگر کن
بدخشان در تنور دشمن غدار می‌سوزد

نه من آسوده‌ام نی آدمان شهر این وادی
چو من صد نرگس دیگر به زیر دار می‌سوزد

امید فتح گلشن از خیال بلبلان خشکید
چه گل‌های گوارای به‌جای خار می‌سوزد

طبیب بی‌مروت در پی درمان ملت نیست
مدام این توده‌ی افسرده‌ی بیمار می‌سوزد

بیا آب و گِل و معمار شهر و ده‌هم باشیم
که گنج گوهر یکتا در این انبار می‌سوزد

۸۰

با دم شمشیر تان دینی نمی‌آید به‌دست
این زبان آهنین را همچنان باید شکست

از هنرهای دلی طوطی غِنا شیرین کند
ورنه از منقار کج هرگز نیاید بانگ مست

با پر پروانه آتش رام شمعی می‌شود
کی توان آرام نمودن شعله را با بوی نفت

مومنا روی جهان از دین اگر برگشته، این
لطف روی نازنین طبع بدخوی تو است

دیدم اوضاع جهان در سیر راه زندگی
بت‌پرست بت می‌شکست و بت‌شکن شد بت‌پرست

هرگز احراری ره این خالق آزاران نگیر
ره به منزل او رساند کو از این کابینه رست

۸۱

سکوت ای زندگی آهنگ غم بسیار می‌خوانی
چرا این متن اشک‌آلوده را تکرار می‌خوانی

ندارد جیب عمر من بهای زنده ماندن را
به گوشم قصه‌ی دیرینه‌ی بازار می‌خوانی

هنوز درس به دنیا آمدن ناخوانده باقی و
سرود رفتن و دل‌بستن و انکار می‌خوانی

الا ای ترجمان یاوه‌گوی بدسرشتی‌ها
بگو این نامه‌ی فرسوده را چندبار می‌خوانی

دریغا دل که با رسم عجیب زندگی ساختی
همه افشردن جان بود ولی پیکار می‌خوانی

نه هرکس آشنایی می‌کند با دشمن جانش
تو ای دل دشمن جان خودت را یار می‌خوانی

۸۲

هرکه حرفی داشت کشتندش که نه
سوس‌ها بسیار سُفتندش که نه

تا لبی جنباند منصور حلاج
بر طناب دار کردندش که نه

حیف آن آزاد مرغ خوش‌نوا
در تنور داغ پختندش که نه

رادمردی را که آمد روی کار
اژدها و مار خوردندش که نه

جوجه مهتابی جوان می‌شد سحر
هی سیه چال‌ها گرفتندش که نه

هر سخایی خواست دستی پر کند
دلقکان از راه بردندش که نه

تا شبان بر گله ایل امن ساخت
گرگ‌های هار گفتندش که نه

۸۳

گفتم از عشق مرا سوخت بدن
رفتم از هوش به آغوش وطن

شدم از دشت به دشتی گذران
با گل و لاله نشستم به سخن

لب سپردم به لب جوی چنان
کودکی می‌نهه بر جوی دهن

روی معشوقه‌ی خود بوسیدم
نام معشوقه‌ی من هست دمن

دره را غرق تماشا بودم
ناگهان سیل ربود دامن من

زدم از خویش پریدم بلند
دیدم از دیده روان آب کهن

گفتم ای عاشق دور از رخ یار
شده معشوقه‌ی زیبای تو زن

جای آن پیرهن سبز قشنگ
به تنش رنگ سفید است کفن

ناله‌ی سخت فشرد حنجره را
مثل مرغی که ورا سوخت چمن

هرکسی عاشق چیزی‌ست و من
عاشق خار و خس و خاک وطن

هرکجا عشق صدا شد وطنم یاد آمد
که وطن عشق بود عشق وطن

لب به جوی‌بار کدام ملک نهم
عشق من! مسکن بابایی من

خوشه‌ی تاک چه باغی بکنم
غصه با جام کی رانم ز تن

آری ای میهن افتیده غریب
از جهان گم‌شدن است بی‌تو شدن

۸۴

کوزه‌گرهای کنار جاده کو
می فروشان خداونذداده کو

کوزه‌ی، دُردی، سبویی، کاسه‌ی
ساغر مستی‌فزای باده کو

دیو زور آزمای کیست در انجمن
گُرد آهن‌کوب آتش‌زاده کو

با سبک‌فهمان ننوشم جرعه‌ی
آن سپهبد زاده‌ی آزاده کو

مرد میدان‌گیر بیداری کجاست
آن که جانی در کفی بنهاده کو

کو شرابی، شاهدی، دیوانه‌ی
ساقی افتیده‌ی ایستاده کو

توبه‌ی دیرینه خواهم بشکنم
پیاله‌ی آماده‌ی آماده کو

۸۵

دلبری از دور می‌آید به رقص
رحمتی از نور می‌آید به رقص

کوزه‌ها را سر ببر ای ساقیا
خوشه‌ی انگور می‌آید به رقص

بشکفید ای نسترن‌زاران باغ
بلبل رنجور می‌آید به رقص

صحن دل خالی کنید از برگ غم
آسمان و حور می‌آید به رقص

می بریزید و بچرخید دور هم
مطرب و تنبور می‌آید به رقص

صف کشید و آتش افروزی کنید
شیون شیپور می‌آید به رقص

وه که در شوق تماشای کسی
جمله کوه طور می‌آید به رقص

هی‌هی و هوهو هیاهو، های‌های
هی سر منصور می‌آید به رقص

۸۶

نه آنم که دوستی دشمن کنم
دریغ از سر و جان و از تن کنم

اگر دست خالی اگر بی‌کسم
نه تن را اسیر تهمتن کنم

زبانم سلاح‌های دور برد من
به خون پاس‌داری میهن کنم

چو ابزار دشمن شود سنگین
ز تار ربابم فلاخن کنم

بمیرم اگر نان خواری خورم
چنین هرزه‌گی را اگر من کنم

۸۷

رها کن دامنم از چنگ چنگم را رها سازم
تو سنگ از کف برون آور سنگم را رها سازم

سگی در کوچه‌ات دیدم قصد جان ما دارد
سگت را می‌کُشی یا من پلنگم را رها سازم

قلم گفتم تفنگ گفتی تفنگ را هرکسی دارد
تفنگ از شانه پایین‌کن-تفنگم را رها سازم

زبانت جنگ نامت جنگ زمین و آسمانت جنگ
چه بی‌شرمانه می‌گویی جنگم را رها سازم

غرورت رنگ رویت رنگ شعور و آبرویت رنگ
نقاب از چهره بیرون کن رنگم را رها سازم

تو خرچنگی و من ماهی شنا کن آشنای من
شناور می‌شوی یا من نهنگم را رها سازم

۸۸

روانم شاد مرد معترف بودم در کارم
کسی را یک سر سوزن نمی‌سایید آزارم

بیا ای دل بمیر و مرده‌گان زنده را بینی
من از هم‌صحبتی زنده‌گان مرده بی‌زارم

دلم از هرزه‌گردی‌های گردون سخت دل‌گیرست
که گر خورشید برخیزد سر از بالین نه‌بردارم

شدم خاک ره خوبان عالم در وفاداری
از این رو می‌شود قرنی بلند ایستاده دیوارم

چرا اندازه می‌گیری فلک عمرم به تار خود
گلیم زندگی کوتاه، من از اندازه بسیارم

حدود عاشقان در شیمه‌ی دنیا نمی‌گنجد
ببند دروازه را دنیا که من صید گرفتارم

۸۹

روزگاری‌ست که دل را غم دل‌داری نیست
کار بسیار مگر همت همکاری نیست

درد من بی‌وطنی نیست خودم می‌دانم
وطنم است ولی عرف وطن‌داری نیست

عجبا ناله‌ی مجنون به‌جای نرسید
در چنین دشت فراخ ذره‌ی همواری نیست

خِرد از پنجره‌ی بی‌خردی پیش نیا
برو ای هوش هنوز نوبت هشیاری نیست

تا چه اندازه چنین خواب گران، بستر بد
این چه خواب است ورا فرصت بیداری نیست

۹۰

کوکب آتش بدوش شب‌سواران نیستیم
ما مگر خوشید‌سرشتان خراسان نیستیم

نیست جای این کلاغ کینه‌پر در صحن باغ
همدم مرغ پرستوی پر افشان نیستیم

کیست کوشا لاله‌های دشت ما له می‌کند
ابر دوشادوش بازوی بهاران نیستیم

زورق هر ناخدا جیحون جیحون ره زند
موج نافرمان دریای خروشان نیستیم

تا چه هنگامی چنین گام کسان در بوم و بر
خاک بوسان سپرپوش وطن‌بان نیستیم

اندکی درد جدایی تاب تن‌ها می‌برد
شعله‌نوشان شکیبای نیستان نیستیم

۹۱

بر تن لباس میشی پوشیده وای گرگی
خاکی به چشم انسان پاشیده وای گرگی

در نقش دوست دشمن رهزد میان گله
با حیله پای چوپان بوسیده وای گرگی

دردا قبیله را نیس، شاهی، شهی، شبانی
آب از لب ضعیفان نوشیده وای گرگی

تن‌های شان دریدند دُرهای شان ربودند
نان از زمین دهقان دزدیده وای گرگی

آراسته رو چو رهبر نانش به خون ما تر
در مرگ زیردستان رقصیده وای گرگی

۹۲

دلت با دیده یک‌سان کن تماشا محشری دارد
که شهر عاشقان هرسو خدای دیگری دارد

مرا هرچند سوی کعبه روزن نیست می‌بینم
نهانی سوی صاحب‌خانه قلب من دری دارد

شراب معرفت با ساکنان عرش نوشیدم
من آن سجاده پیمایم دستش ساغری دارد

چه می‌نازی سلیمانا به این پرواز کوتاهت
رسد آنجا بپای تو که عیسا هم خری دارد

نکن منعم ز عشق و ترک کوی عشقبازی کن
به چشم خویشتن دیدم خدا هم دلبری دارد

۹۳

ای تغافل بشکن و خواب گران دیگر بس است
دل به گفتار آور و کار زبان دیگر بس است

پَر گشا ای قوی تیزچنگ در هوای فکر ما
قوقوی بی‌موجب طوطی‌گکان دیگر بس است

ره کژ و پیمان کژ و وجدان کژ و ایمان کژ
رفتن ما از پی این کژروان دیگر بس است

رهبران راه مراد با همت خود می‌روند
ره‌روی رهروان رهروان دیگر بس است

پا به پا رفتن کنون آخر ز پا افتیدن است
همرهی با نیمه‌راهان جهان دیگر بس است

۹۴

ریشه‌ی سرشت ما رویش چمن باشد
هر تنی نمی‌جنبد لایق کفن باشد

دره دره دردم من، چشمه چشمه اشکم من
رود و صخره و دریا یادگار من باشد

معنی سکوت من عذر ناتوانی نیست
ابله هم زبان دارد شرط اگر سخن باشد

باده‌نوش بد مستم رفته دیده از دستم
ای خوشا اگر ما را کوزه‌ی وطن باشد

آتشی‌ست وجدانم گر ریا کنم سوزم
روح سرکش من را شعله پیرهن باشد

۹۵

چنگ و تار سازیم و زیر و بم زنیم
بعد از این غوغای دنیا کم زنیم

ساز ما دارد معانی دیگری
ما نه طوطی‌وار صدا مبهم زنیم

دور صدها ساقه نی پیچیده ایم
جان و دل قربان یک آدم زنیم

تار ما چون تار مطرب خام نیست
آتش اندر محفل ماتم زنیم

گرچه سلطان سرای عشرتیم
پیش پای خاک عالم دم زنیم

۹۶

به به چقدر دختر شیرین سخن استی
بلبل‌تر از آن بلبل صحن چمن استی

می‌دانی زبان سچه‌ی آب روان را
استاد معانی تو در این انجمن استی

عطر همه گل‌های جهان در یخن تست
هم لاله و هم نسترن و یاسمن استی

مثل تو کسی در همه روستای شما نیست
بیهوده چرا در پی زیبا شدن استی

من مرغ مسافر شده‌ی دره‌ی پنجشیر
چشمان تو را صدقه که صیاد من استی

از روم و بخارا و سمرقند می‌آیی
یا دخترک تاجیک اصل وطن استی

۹۷

خسته بودم مولوی آمد کنار من نشست
جامی با جام الست آمد کنار من نشست

بسته بودم در طناب فتنه‌ی واعظ بسی
حین گمراهی سنایی در کنار من نشست

حافظ از دستم گرفت و سوی ساغرخانه بُرد
رحمت عشق الهی در کنار من نشست

ساقی سوگند شکن پیمانه‌ی دستم شکست
رودکی با چنگ و نی آمد کنار من نشست

مشکلم را عقل خام خورده‌گیر آسان نکرد
تا خیام با ظرف خم آمد کنار من نشست

بوی گند زندگی آشفته حالم کرده بود
سعدی با یک دسته‌ی گل در کنار من نشست

ناتوانی ریشه در اعماق جانم رشته بود
همت فردوسی آمد در کنار من نشست

جرعه‌ی معنی چشیدم از کف بیدل شبی
شعله‌ی نورافکن عالم کنار من نشست

۹۸

چه هنگامی به پایان می‌رسد این بت‌تراشی‌ها
چنین کژبینشی‌ها و به سر خاشاک‌پاشی‌ها

نهیم لب بر لب گنداب و دریا را نمی‌بینیم
نکاهد تشنگی‌ها را ز مرداب آب‌نوشی‌ها

چو مرغ لانه بردوشی که شاخ امن می‌جوید
رسیدیم تا پرتگاه جهان از خاک‌فروشی‌ها

شبان با دست خود دوزد لباس میش بر گرگی
امان از جامه دوزی‌ها امان از جامه پوشی‌ها

زمین زندگی امسال ندارد حاصل خوبی
کویر بارور نمی‌گردد به این بسیارکوشی‌ها

۹۹

کو هُشی در نگه روی تو بی‌هوش نشود
کو لبی در شب گیسوی تو مَی نوش نشود

چشم من بود که با چشم تو چشمی می‌زد
کو تنی در غم موی تو سیه‌پوش نشود

کو لب سرکش و مستی که هنگام سخن
پیش لب‌های سخن‌گوی تو خاموش نشود

مرگ هر دل‌شده از دست به ولا حتمی‌ست
گر دمی خاک ره کوی تو داروش نشود

دل من بود در آغوش پلنگت می خفت
کسی با لشکر جنگ‌جوی تو هم‌دوش نشود

۱۰۰

موج دریا، اوج رویا، برج دنیا رفتنی‌ست
شوکت شاه و گدا و گرم و سرما رفتنی‌ست

خار و گل هردو اسیر فصل پاییز می‌شوند
در قوانین طبیعت زشت و زیبا رفتنی‌ست

خیر اگر تلخی ز کام تشنه‌ی ما کم نشد
از دهان سفله‌گان هم طعم حلوا رفتنی‌ست

کاروان‌ها رفته اند و کار دنیا باقی است
رنج صحرا، منت پا، ته و بالا رفتنی‌ست

ای که می‌گویی نیاز عاشقان بی‌انتهاست
حاجت بسیار مجنون، ناز لیلا رفتنی‌ست

۱۰۱

مرا از دشنه‌ی خونینه‌ی میدان نترسانید
از آشوب شب و پوسیدن زندان نترسانید

تن آزاده هرگز در کفن آرام نمی‌گیرد
گُلی را بابت پاشیدن گلدان نترسانید

رفیقم مولوی، یارم سنایی هم‌دلم بیدل
یکی دل‌داده را از دادن صدجان نترسانید

نمی‌ترسد کسی مهر وطن پرورده در قلبش
از آخ تشنگی، از سفره‌ی بی‌نان نترسانید

نه من از هی‌هی طفلانه ترک باغ می‌گویم
همای مست را از قَوقَو زاغان نترسانید

از آتش خیمه‌ی دارم میان دشت وجدانم
تنم را از تنور شعله‌ی سوزان نترسانید

رفیق جنگل و دریا، حریف جنگ‌جویانم
صدای رعد را از هیبت طوفان نترسانید

۱۰۲

غنچه زخمی، تبر با دل شاد می‌خندید
پر زغن باغ از اندوه زیاد می‌خندید

ابر زرد آمد و باریدن برگ شد رواج
در پریشانی برگ تندیِ باد می‌خندید

می‌گریست گربه سر نعش پسرگربه‌ی خود
آدمی‌زاد که بر آدمی‌زاد می‌خندید

شانه کردم سر خود را ببرم جای دگر
رفتم هرجای رسیدم جلاد می‌خندید

گفتم این حادثه را در دل کوه نقش کنم
بی‌هنر بودم و دیدم مداد می‌خندید

شعر گفتم که مگر راز جهان فاش کنم
می‌گریست تربت شعرم، نقاد می‌خندید

۱۰۳

کیست می‌گوید خراسان مُرده است
از جهان گویی جهان‌بان مرده است

کیست باور می‌کند این حرف خام
سبزه‌ی در زیر باران مرده است

خنده می‌آید درخت پیر را
گر خسی گوید بهاران مرده است

ای خراسان قشنگ من بخند
آسمان هرگز نه آسان مرده است

ای که داری از دل دریا خبر
ماهی در آب فراوان مرده است؟

تا خدا باشد خراسان زنده است
گل اگر پژمرده گلدان زنده است

من بمیرم صد چو من میرند و آن
رادمردان و دلیران زنده است

هرگز از نامردی گردون نلرز
تا یکی مردی به میدان زنده است

ای زمین، ای خاک، ای کوه بلند
شوکت و نام خراسان زنده است

کشتی دشمن نه در ساحل رسد
تا در این دریاچه طوفان زنده است

۱۰۴

خودم رنگین می‌سازم کمانی بهر گیسوهات
گریزان سازد آهو را خم ناز دو ابروهات

گره کار من بگشای و بشکن شیشه‌ی غم‌ها
اثر دارد مرا مثل جوانی‌دانه جادوهات

عزیزم جاده‌ها خیس است هوا سرد است
تنم می‌لرزد و تنگم بگیر در زیر بازوهات

لبانم را ببر شامی به باغ بوسه‌ها مهمان
درخت آرزوهایم! رسیده فصل آلوهات؟

دو صندوق بوسه بر دست دلت بفرست
خوشم می‌آید از دستت می‌گیرم کادوهات

۱۰۵

مرا به جام شهادت نرسان، نمی‌نوشم
لباس عافیت پوشیده‌ام، نمی‌پوشم

ستاره شومی شب را ندیده گرفت
بُریده خنجر وجدان من رگ هوشم

دلم ز سوگ وطن، آه نه سوخت وطن
سوخت سوخت سوخت آغوشم

غمم غم خود من نیست خودم دانم
من از برای ماتم میهن سیه‌پوشم

خیال خسته‌ی من را نه خام پنداری
که تا به شعله نه‌جنگم نمی‌جوشم

۱۰۶

بیزارم از آن شهر که می‌خانه ندارد
شهری که در آن مردم دیوانه ندارد

هشیار ز دام هوس خویش رها نیست
افسوس که دیوانگی شکرانه ندارد

واغط که همی گویی تو از کفر من اما
این کفتر تو را ساکن بتخانه ندارد

گویی که خدا در رگ جان تو نشسته
دیدم که خدا از خود و بیگانه ندارد

آن را که ندارد حرمی عیب نه‌پندار
پروانه که پروای پر و خانه ندارد

صدبار به دشنام من آلوده‌ی لب را
حرف تو اثر بر من مستانه ندارد

۱۰۷

باید یکی باشیم و افسون نشویم ما
از سفسطه‌ی معرکه دل‌خون نشویم ما

خورشید نباید به دو-سه پنجه شود گم
در گردش این ابر دگرگون نشویم ما

این میز جهان صاحب دیرینه ندارد
آشفته‌ی این ذره‌ی مادون نشویم ما

ای جیره به‌دستان گدا بر در هرکس
دلبسته‌ی این لقمه‌ی پرخون نشویم ما

بیهوده در آشفتن من بر زده‌ی گام
فرمان‌بر هر فاقد قانون نشویم ما

تا چند چنین در پی لیلا شدن استی
صحرا نرویم ما و مجنون نشویم ما

۱۰۸

بریز و بریز و بریز و بریز
که گردیده دریای دل موج‌خیز

در کوزه بکشا بگو ساقی را
نمی‌آیدم بی می از غم گریز

تو ای سینه از دیده بیرون بزن
ای اشک سخن‌ناشنو آی و ریز

بگیر ای شب تیره دستم که من
در افتیده‌ام با سحر در ستیز

از آن چشم آهو از آن روی مه
فقط غم گذاشتی به من روی میز

چه در صخره‌ها می‌دوانی دلم
من آهوی بی‌پا تو آهوی تیز

۱۰۹

رهبران را چه غم از رهرو بی‌پای غریب
ای هم‌اندیشه بیا تا غم خویش برداریم

جام جمشید شکستند شرابش ریختند
تاک بی‌خوشه بیا تا جم خویش برداریم

هرچه بود از ره ما تیره‌دلان برداشتند
حالی از گوشه بیا تا کم خویش برداریم

تشنه لب تا چه دمی دیده به راه باران
شاخ نو ریشه بیا تا نم خویش برداریم

همه از بار گران من و تو خسته شدند
مثل آیینه بیا تا هم خویش برداریم

۱۱۰

سنگرم شعر بلند ماندگار پارسی
هرکسی با ما حریف است یاالله

هم‌نشین حافظ و سعدی و مولاناستیم
گر کسی ما را ردیف است یاالله

آتشین کیشیم و هم پروانه‌خوی
عشق در کارش شریف است یاالله

های آدم آهن از دست دور کن
جنگ موجود کثیف است یاالله

پهلوان هر زمانی‌ست فارسی
هر زمان گفتی ضعیف است یاالله

نیست هم‌پیمان سنگ آیینه‌ها
شیشه هرچندی ظریف است یاالله

مثل سنگ با شیشه‌ی من گپ نزن
طبع شاعرها لطیف است یاالله

۱۱۱

بامیان ای تپه‌ی خشک شده‌ی بی بودا
چه شدت باز که از دیده تو خون می‌ریزی

بیوه‌ی باکره‌ی تازه عروس وطن، آه
دانه‌ی خوشه‌ی غم‌ها چه حزین می‌بیزی

تا شب از کام تو کم شد رسید روز سیه
با چه پهلو تو از این خواب گران می‌خیزی

ای دل انگیزترین معبد بی‌قبله‌ی عشق
تو سمرقندی، خجندی و تو هم تبریزی

گل و پروانه‌ی تو پرپر و بی‌لانه شدند
چقدر از دل بی‌رحم زمان لبریزی

سبزه و سرو و ثمر نیست تو را در بر و دوش
همه جا فصل بهارست و هنوز پاییزی

۱۱۲

شک نکن دیو اگر صاحب دفتر گردد
عشق مردود شود، زن سیاسر گردد

سینمای غم ما جلب تماشای جهان
فیلم بدبختی ما از پی هم سر گردد

نچشد هیچ‌کسی ساغر سازمان ملل
گرچه از ساز ملل گوش جهان کر گردد

قامت فاجعه بسیار بلند است هنوز
چقدر مرگ به آسانی میسر گردد

روزگاری‌ست که انگار خدا می‌گوید
چشمم از دیدن دنیای شما تر گردد

ای که می‌گویی بیایید وطن امن شده
کی پرستوی مهاجر شده‌ی برگردد

۱۱۳

واعظا مسجد تو را ما با گناه آمیختیم
تا تو بر منبر نشستی از خدا بگریختیم

ذره‌ی مهر خدا در کاسه‌ی قلبت نبود
هرقدر خاک سیاه سینه‌ات را بیختیم

رو که مشتاق تو و دین و دعایت نیستم
دانه‌ی تسبیح این تار ریا را ریختیم

تیغ می‌گیری بگیر، خون می‌ریزی بریز
دل به دریا داده‌ایم، سر به دار آویختیم

نیست بیم دوزخ و نی هم تمنای بهشت
کلبه در آتش بنا کردیم و جان انگیختیم

۱۱۴

گروگان گشته‌گان مهر دریاییم کشتی‌سان
غواص موج‌پیما و هم‌آغوشیم با طوفان

اگر تند و اگر آهسته می‌رانیم خود دانیم
نبردیم و نخواهیم برد ز هرفرمان‌روا فرمان

تماشای غروب و تابش خورشید پرسیدی
شریک اشک ابریم و هم‌اندوهیم با باران

نهنگ پهلو به پهلو تن به تن در کارزار ما
ز دل نابسته‌گان ساحلیم، هم‌رزم زورق ران

نمی‌آساید این دل لحظه‌ی در ساحل آرام
فقط دریا دلان دانند مزاج مستی مستان

هراس خیزش سیل و بیم موج بیهودست
خدا گر ناخدا باشد منزل منزل جانان

۱۱۵

کسی می‌فهمد از مهر زبان مهتر پارسی
که بر آستانه‌ی خاکسترآباد خراسان زیست

کجا دستش به خون زنده‌جانی سرخ می‌گردد
کسی کو زاده از انسان شد مانند انسان زیست

بلندی جای هر پر کوتهی پا بسته مرغی نیست
عقاب قله می‌داند در پهنای طوفان زیست

بهار پروردها پرپر شدن‌ها را چه می‌دانند
گلی می‌فهمد از سرما با برف زمستان زیست

کسی شرح جدای‌های قلب آدمی داند
که سنگی زیر سر بالین نمود و در نیستان زیست

مرا با اشک شور چشم عاشق سخت پیوندی‌ست
چو پیماساغر مستی شب‌ها زیر باران زیست

۱۱۶

ای دل چرا چگونه در غم آبرو شدی
یا از هراس گرگی من آهو شدی

گفتی صدای سینه‌ی من گوش می‌کنی
دیدم شبیه مردم دنیا دو رو شدی

آوردی تاب توبه نمودی تمام شب
یک‌باره مست گشتی طلبگار او شدی

مثل بهار در ته جنگل گریستی
تا در مقابل آینه رو به رو شدی

پیراهن زمانه! به جانم نمی‌روی
هرچند با ظرافت و زیبا اتو شدی

۱۱۷

آری عشقت ساده بود اما چه زیبا می‌نشست
عوضت داغ تو آن شب در دل ما می‌نشست

رقص می‌کردی میان ساغر لبریز من
نقش لب‌های تو در لب‌های مینا می‌نشست

آن شب از ساقی سبوی دیگری کردم طلب
لحظه‌ی هم سر نمی‌شد ساغر از پا می‌نشست

دود می‌کردم خودم را با نخ سیگارها
دودهایم حلقه می‌شد با تو یک جا می‌نشست

می‌گریختم از غمت ساحل به ساحل دور دور
باز می‌آمد غمت در قلب دریا می‌نشست

مست بودی می‌دویدی می‌گرفتی راه من
چشم زیبای تو در چشمم شکیبا می‌نشست

گفتم آوازی کشم مرغان صحرا بشنوند
در گلویم بغض جای مرغ صحرا می‌نشست

مثل توفان دور خود پیچیده پاشان می‌شدم
برگ برگ باغ جانم ناکجاها می‌نشست

باز می‌دیدم تو می‌آیی و لبخند می‌زنی
سایه‌ات مثل شبی هرسوی هرجا می‌نشست

۱۱۸

این دره که می‌بینی به این زیبایی
آرام کده‌ی دل است و آسایش جان

پنجشیرِ پَری پرورِ پُر نامِ فلک
پریان تو را تهی دو پهلوی جهان

ای دره‌ی پاک و پهن، ای کافه‌ی عشق
ای درگه عارفان و ای تخت شهان

ای جلگه نور و خانه‌ی مهر و صفا
ای خانقه‌ی نوید و ای نام و نشان

آیا که ترانه و ترنمت می‌شنوم
بار دیگر از زبان مرغان وشان

ای بام بلند و بُردباری و غرور
دانم که چه می‌کشی تو از دست کسان

ای نغمه‌سرا که صد نوا را بلدی
خوش‌تر چه شنیده‌ی ز نی‌های شبان

سرچشمه گرفته‌ی تو از چشم خدا
نقاشی دست خالق هردو جهان

مهتاب که گردش‌گر کوه و کمر است
از حیرت قامتت گزیدست زبان

ای تازه بهشت کوچک روی زمین
آباد بمانی و بمانی و بمان

۱۱۹

چو مرغ واله در کنج قفس بنشسته پی‌درپی
درون سینه فنجان نفس بشکسته پی‌درپی

صدای صدصنوبر خسته از فریاد بی‌پرسان
تو گویی جمله بنیاد جرس بشکسته پی‌درپی

خرد کاری نه‌آسان می‌کند از مردم دنیا
دل اندیشه با سنگ هوس بشکسته پی‌درپی

چه نرگس‌های نو رس در کف طوفان می‌میرند
خیال خسروی‌ها از عسس بشکسته پی‌درپی

اگر با تلخی گردون گرفتاری شیرین شو
تواضع عسل بال مگس بشکسته پی‌درپی

۱۲۰

مستی بی‌امان من من تو ام و تو من تو من
مَی کش دُرفشان من من تو ام و تو من تو من

ساقی مهربان من هی‌هی و هویی هان من
حرف من و زبان من من تو ام و تو من تو من

رستم داستان من نام من و نشان من
تیر من و کمان من من تو ام و تو من تو من

جان من و جهان من چشمه‌ی رَو روان من
جوشش بی‌کران من من تو ام و تو من تو من

رونق بوستان من دم دم دمان من
لانه‌ی بی‌مکان من من تو ام و تو من تو من

هلهله‌ی شبان من اشک چکان چکان من
ای مدد نهان من من تو ام و تو من تو من

مرغ سحر بیان من چهچهه‌ی چمان من
زمزمه‌ی زمان من من تو ام و تو من تو من

سنگ گران کان من تاب من و توان من
سود من و زیان من من تو ام و تو من تو من

روح من و روان نعره‌ی آسمان من
ای همه این و آن من من تو ام و تو من تو من

۱۲۱

تا در این دیر بغاوت‌زده معمور شدم
چشم در چشم جهان خیره شدم کور شدم

وای از این بی‌خبری‌های سلیمانی من
صد جهان خوردم و هی دانه‌گک مور شدم

سهم من پیکری هم بود اگر، سایه نداشت
همچو بهرام هوس گور زدم گور شدم

ای خدا حوصله چیست، تاب چه‌شد، صبر کجاست
من در این غم‌کده پیدا به چه منظور شدم

واعظا موعظه با رند بلا دیده چه سود
زاهدی بودم و در حادثه خم‌خور شدم

۱۲۲

آن‌که در دیده‌ی خود از تو نشانی دارد
چه نشانی‌ست کسی را که نشانی دارد

زاهدان بار ملامت ز سرم بردارید
نتوانند خموش آن‌که زبانی دارد

گردنم را ز تنم در ره عشق دور کنند
غم جان از چه خورد آن‌که جانی دارد

گر گمان کرده‌ی با مرگ جهانم ببری
بی‌گمان باش که مرگ هم جهانی دارد

نه زیان می‌رسد آن را نه طوفان گزند
هرکی در شهر دل عشق دوکانی دارد

۱۲۳

ز چه جام سر کشیدی که تو جاودان مستی
همه از میان رفتند تو در این میان نشستی

همه آمد و نیافت ره که در این مقام بپاید
تو چنان به دل نشستی که تو گویی جان‌استی

همه زاهدان شهر را شکنند خیال حوران
تو به سنگ حسن رویت رخ حوریان شکستی

دل داعیان عشق را تو بسی خجل نمودی
دَر عشق را به روی همه عاشقان بستی

همه داوران گفتند که تو ره به من نداری
تو به این دلاوری‌ها صف داوران شکستی

۱۲۴

حسرت بی‌حساب من تا چه شود پاکَشی
این گنه نکرده را تا به کجاکجا کشی

با چه کسی نشسته‌ی از چه می چشیده‌ای
باز چه آرمیده‌ی از چه لبی صبا کشی

درب نیاز چشم خود تا به ابد بسته‌ام
دیده چه آرزو کند ناز حریف ما کشی

هر نگهی که می‌کنی صاعقه‌ی سخن بود
رند نظرباز نظر، نعره‌ی بی‌صدا کشی

چهره‌نما بخاطر خون‌شده‌گان خاطرت
این تن خون‌تپیده را در پی خود چرا کشی

شانه به شانه می‌روی با غم تلخ روزگار
ای دل خانه‌سوز من وه چقدر بلاکشی

۱۲۵

هرچه رَود رود رود زخم زبان نمی‌رود
داغ نشسته با دلی ساده از آن نمی‌رود

گریه‌ی وصل می‌کند مرغک بی‌نوا دلم
تا نه‌رسد به آرزو سوی امان نمی‌رود

لشکر عقل بی‌ثبات، دار و ندار دل ربود
پیکر خودپرست پست همره جان نمی‌رود

لحظه‌ی بی‌ثمر مباد خوشه‌ی مهر آدمی
هرکی چشیده آب مهر در پی نان نمی‌رود

زورق زندگی شکست کار فلک به گند کشید
زمزمه‌ی زمانه در گوش گران نمی‌رود

۱۲۶

سوختم جرئت عاشق شدنم آهم داد
وای این همت بی‌هوده که بربادم داد

می‌گزد مار پشیمانی مرا شام و سحر
که چرا عقل سلیم در بر دل راهم داد

این خرد چیست که بار غم ما کم نکند
غم نداد آنچه مرا زجر خرد یادم داد

آدم از کار دلش بی‌خبر است، می‌دانی؟
درس این معضله را بهر من استادم داد

مرغ اندیشه‌ی من دانه‌ی دنیا نخورد
چه کسی دانه به این مرغک آزادم داد

۱۲۷

فریاد فردا در گلو زخم صنوبر در جگر
چشم پرستوها به دوش نعش شقایق می‌کشند

این‌جا نفس در سینه‌ها حبس ابد گردیده و
در شانه‌هاشان لحظه‌ها بار دقایق می‌کشند

موجی نمی‌خیزد بلند دریا نمی‌گوید سخن
دردا از این رودخانه‌ها فرمان قایق می‌کشند

تصویر خون آدمی بس در تماشا بی‌اثر
جنگل‌نشینان شریف رنج خلایق می‌کشند

اشک زمان خشکیده و تاریخ قلم گم‌کرده و
مردان این جغرافیا تلخی حقایق می‌کشند

هرگز نریزند طرح نو، نو باوران کهنه‌سر
بر کوله‌ی اندیشه‌ها سفساف سابق می‌کشند

۱۲۸

از سکوت بشر گنگ شده فریاد کنیم
همه مرغان جهان از قفس آزاد کنیم

با زبان یار شویم در گذر گویش عدل
از ترازوی زمان یک سره ایراد کنیم

از لب روشن خورشید بنوشیم شراب
عاشقی با رخ بی‌صورت خُرشاد کنیم

خشت جان و تن خود را به ساقی بدهیم
این شراب خانه‌ی مخروب شده آباد کنیم

با سبوح و قدح و مستی و پیمانه و می
فکری بر حال غریب دل ناشاد کنیم

۱۲۹

چه غروب‌های دل‌انگیز غم‌انگیز شدند
ناگهان هرچه سیاهی‌ست دل‌آویز شدند

شب شتابید سیاهی همه‌سو خانه نمود
روشنی، برق، چراغ، تیره‌گی‌آمیز شدند

رنگ دنیای بشر وای چه زود تغییر کرد
مثل فصل‌های که یک‌بارگی پاییز شدند

کرکس و جغد، کلاغ و مگس و زاغ و زغن
عوض مرغ سحرخیز سحرخیز شدند

اشک خورشید سرازیر شد از دره و کوه
از بر و دوش زمین آمده لب‌ریز شدند

شب‌نشینان امید مه و ساحل داشتند
همه ماتم زده‌ی ظلمت خون‌بیز شدند

۱۳۰

لبم را مست لب‌های سبو ساییده‌ی خود کن
که در می‌خانه‌های شهر این آبادی ساقی نیست

نگردان چهره از بی‌توشه‌گان راه پر پیچ‌ات
به جز طعم لب می‌گون تو در کوزه باقی نیست

جهان ازدحام و من میان ازدحام تنها
اتاق آدم پر است اما مرا یک هم‌اتاقی نیست

خدا دانسته یوسف را به زنجیر زلیخا بست
فرو افتیدنم در چاه چشمت اتفاقی نیست

تو نبض آدم دل‌باخته‌ی آواره می‌دانی
اگر جمعی استقبالت ایستادست ناقی نیست

۱۳۱

زبان تان گلوله و بیان حرف تان تفنگ
درون مغز تان تهی در دهان تان تفنگ

به خون خلق خسته‌ی نهار ویژه می‌خورید
تهیه می‌کند همه شراب و نان تان تفنگ

هبوط و مات مانده‌ام که این سبیل آهنین
عزیز جان تان شده بلای جان تان تفنگ

چرا چنین رفیق بد نشسته در گلیم تان
به رگ‌رگ تمام استخوان تان تفنگ

شهامت و شهادتی نصیب شه نمی‌شود
به نام رهبران سکه به‌دست رهروان تفنگ

چه درد پر ندامتی که رفته تا گلوی من
به‌دست جاهلان قلم به‌دوش عاقلان تفنگ

۱۳۲

دو لب سخن گرفتم لب جام و جم شکستم
لب جام به لب نمودم دل شام غم شکستم

چه شکن شکن دارد گذر از هزاره‌ی عشق
لب توبه را ببستم، دهن قسم شکستم

بدهید مژده‌ی ما به مخالفان مینا
که پیاله‌ها ز مستی همه دم به دم شکستم

نشود گزاره‌ی ما به دو-سه شکستنی‌ها
به رقم رقم چشیدم به رقم رقم شکستم

چه نشسته‌ای خدا را قدحی بیا و پر کن
نه شمار و می بریزم که هنوز کم شکستم

۱۳۳

چه آسیبی رسید عیش مدام کامرانان را
چه دردی وارهید اشک دو چشمان عیاران را
چه فکری ره گرفت عزم عظیم شه‌سواران را
چه موجی می‌شکست کشتی‌نشینان خماران را
چه ابر آفتی افشرد گلوی باد و باران را

دلم در جستجوی آرزوی همدلی گم شد
جنون سرکشی‌هایم در دریادلی گم شد
خروش خشم وجدان من از بی‌ساحلی گم شد
شرار شعله‌ام در انجماد عاقلی گم شد
خدا هرگز نیامرزد خیانت پیشه‌کاران را

مرا شور محبت این چنین دیوانگی آموخت
شدم دیوانه و سوزش مرا پروانگی آموخت
چو آتش خورده‌ام آتش مرا مردانگی آموخت
کجا اهلی شود مرغی که ساز زندگی آموخت
ندیدم صحبت بی‌موجب آیینه‌داران را

نه آرامد سری چون ساغر آزادگی نوشد
نمی‌لرزد تنی چون جامه‌ی افتادگی پوشد
خوشا آنی که هنگام رفاء در سادگی کوشد
خوشا چشم توانایی که چشم از هرزگی پوشد

نمی‌زیبد خزانی شوکت فصل بهاران را

بیا و زورق دل را در این دریا شناور کن
عبور عاشقان سهل است رسیدن را باور کن
نه فکر همسفر باش و نه فکر یار و یاور کن
همای مست کوه‌گردی کمی دل را دلاور کن
که سنگین می‌زند طوفان سبک‌بالان دوران را

۱۳۴

به غیر عشق جنگیدن چه معنی
به خون تیره غلطیدن چه معنی

چه می‌پرسی ز مست خفته‌بالین
به سنگ سرد خوابیدن چه معنی

ندیدی موج سرکش حین طوفان
تنی بر کوه کوبیدن چه معنی

سر آزاده در گردن نداری
چه می‌فهمی رزمیدن چه معنی

دویدن دیده‌ی اما ندیدی
به روی سینه افتیدن چه معنی

نه نوشیدی شبی با خیل مستان
شراب ناب نوشیدن چه معنی

نه با رندان نشستی تا بفهمی
میان شعله رقصیدن چه معنی

کجا با مه‌رخی یک جا نشستی
چه می‌دانی تو بوسیدن چه معنی

اگر نوشیده بودی رطل کوثر
نمی‌گفتی خروشیدن چه معنی

شبی با پخته‌گان آی و سفر کن
تماشا کن جوشیدن چه معنی

کنار چشم این دیوانه بنشین
ببینی ژاله باریدن چه معنی

وطن گم کرده‌ی آواره روحی
کجا داند خندیدن چه معنی

نگردیدی پرستوی مسافر
خودت را بی‌وطن دیدن چه معنی

یکی پشمینه‌تن سوی من این گفت
چنین دیوانه حرفیدن چه معنی

دو-سه-تاری ز ریشش کنده گفتم
نمک در زخم پاشیدن چه معنی

زنخ با پنجه‌اش بسیار خارید
برایش گفتم خاریدن چه معنی

تو مشغول تراش تیغ بودی
ندانی ریش تراشیدن چه معنی

به خون صد جوان غرق شنایی
نمی‌پرسی که بخشیدن چه معنی

۱۳۵

پیر مردی بود و عمری خدمت بسیار کرد
بعد پیری ناتوانی‌ها ورا کم‌کار کرد

جسم او کم‌زور و چشم بی‌نوا کم نور شد
گوشه‌ی عزلت نمود و از هوس‌ها دور شد

زندگی سختش فشرد و روزگارش شد خراب
روی ناچاری به کار می‌فروشی شد شتاب

تا مگر افسرده‌ی با جرعه‌ی خندان کند
اندکی هم فکر جان و زندگی و نان کند

زاهدی همسایه‌ی میخانه‌اش شد از قضا
بهر نابودی وی شام و سحر می‌گفت دعا

می‌فروش و دین‌فروش روزی سر دعوا شدند
هر یکی بر دیگری تازیده بی‌پروا شدند

گفت زاهد ساقیا کار تو از بد بدتر است
هرکسی با تو در این محفل نشیند کافر است

این می اندر جان و ایمان بشر دارد ضرر
در جهنم می‌روی با پیشه‌ی عالم الخطر

از خرد بیگانه می‌سازی مسلمانی به پول
کرده شیطانی میان جسم لرزانت حلول

باید از نو توبه گوی و ببوسی دست من
ورنه در آتش بسوزی با جهود و اهرمن

می‌فروش چون آدم دانسته‌ی هشیار بود
گرچه چشمش بسته اما از درون بیدار بود

گفت شیخا، زاهدا، مستغنیا حرفت قبول
گیرم ابلیسی میان جسم من کرده حلول

گیرم عقلی را به ساغر لحظه‌ی ضایع کنم
قلب خود با خنده‌ی دل‌مرده‌ی قانع کنم

دست من گر با شراب نیله‌گون آلوده است
هردو دستان تو با دریای خون آلوده است

هردو تاجر، هردو در بازار مصروف فروش
من شراب اما تو آیین خدا بر زیر دوش

هر دو چیزی می‌فروشیم هر دو از خود باخبر
من به پول و سیم و زر اما تو با خون بشر

می فروشی‌های من با جبر و یا اکراه نیست
زیر ریشم فتنه مثل مفتی گمراه نیست

در کف کفشم ندارم ریگ نیرنگ و ریا
مثل واعظ کی کنم انکار از لطف خدا

دست من عادت ندارد با چماق و گرز و تیغ
هیچ مرد فاضلی از من نمی‌گوید دریغ

می فروش تنها اگر در جان و ایمان می‌زند
دین فروش آتش در آبادی هر انسان زند

پس برو درگیر پشم و ریش پنهان‌کار باش
شاد باش و در ته آستین دینت مار باش

دین‌فروشی کن که می شایسته‌ی نام تو نیست
این گوارا شیره حیف کله‌ی خام تو نیست

زاهدا تقوا تو را جز پوشش عمامه چیست
در سر خام تو جز سودای دین و دانه چیست

جامه‌ی تزویر می‌باید که از تن برکشی
پرده‌ی پندار خام صورت جان بردری

دین فروشا فاش گویم از خدا بیگانه‌ای
یا خرد گم کرده‌ی یا آدم دیوانه‌ای

این سخن‌ها چون سبک‌سر شیخ شنید
گردن کژ بر دو پای آن یل دانا خمید

خجلتش غرق عرق‌ها کرده بودش تا به پا
صورتش می‌سفت و از کامش نمی‌آمد صدا

۱۳۶

خرد خواستی خردمند بجوی
که یابی تمنای خود را ازوی

نشیمن شوی ار به اهل سخن
چو شمعی فروغی به هر انجمن

ز آراستن چهره‌ی جان چه خوش
چه خوش‌تر از این رونق ناخمش

زمین ناز مردان صادق کشد
چو معشوقه‌ی ناز عاشق کشد

زمین پرورد هرچه ریزی به اوی
تو آن ریز که ریزد همی رنگ و بوی

بد اندیشه فرزانه را بد کند
غزال زاده‌ی را همی دد کند

گریبان فرزانه‌گی پاره کرد
هر آن‌کس که اندیشه آواره کرد

کسی را که ایمان دهد لایزال
شکوهش نگیرد قرار در زوال

نه او را تمنای سیم و زری
نه بیمش ز بیداد اسکندری

چو دریا خروشنده زیبایی‌اش
کران تا کران‌ها شکیبایی‌اش

کسی را نباشد غم میهن‌اش
نمی‌ارزد او را سرش بر تنش

کجا مرد دانا فروشد وطن
کجا کژ کند ره ز راه وطن

نه همت بماند نه عزت در آن
چو شهری بیفتد به‌دست خران

پریشان و بی‌برگ و بی‌دانه است
درختی که با ریشه بیگانه است

۱۳۷

چرا هرکه آزاده است می‌کُشی
اگر بَرده باشم برایت خوشی؟

مگر گرگ کیستی چنین بد دهن
سخن می‌زنی هردم از کفر من

چه آورده‌ی جز خزف جز فضول
که می‌گویی حرف خدا و رسول

چه شمشیر خود از نیام می‌کشی
گمان کرده‌ی آب خوش می چشی

تو با چوب لرزان شدی روبه‌رو
ندیدی هنوز هیزم شعله‌خو

شبان شاید آغل رها کرده است
زداینده زادی هنوز زنده است

غذا از کف دیگران خورده‌ای
تو فرمان بیگانه‌گان برده‌ای

من اما به بیگانه، بیگانه‌وار
صدا می‌زنم هرچه داری بیار

ز من برده‌گی طمع بی‌جا ندار
نگردم گدا گر روم زیر دار

نه در خاک بیگانه پایی نهم
نه بیگانه در خانه جایی دهم

نیاید ز من خدمت دیو و دد
نیاید ز من وصف زانی ولد

۱۳۸

سرای درد بی‌اندازه‌ی من
زمین سوگ‌وار خاره‌ی من

تو را آتش زدند و خاک کردند
به تیغی سینه‌ات را چاک کردند

سواران سیه‌کردار دل‌سنگ
خنک‌خویان آدم‌روی بی‌ننگ

تنک‌فهمان فرهنگ، کیش ساختند
تو را میدان جنگ خویش ساختند

کسی با چربی گفتار و نیرنگ
کسی با زور بازو با زر و سنگ

کسی با حیله‌ی میهن پرستی
کسی بی‌اختیار و حین مستی

وطن را چون گلی پرپر نمودند
دو چشم ملتی را تر نمودند

یکی صاحب‌نظر شد خودسری کرد
دگر مومن شد اما کافری کرد

شکستند شیشه‌ی شرم و حیا را
چه بی‌اندازه آزردند خدا را

۱۳۹

اهواء شکفتن شده باز آی بهارا
این غنچه‌ی افتیده لجن را تو بیارا
خوش آی بهارا

می را پی می ریز و نوروز شده یارا
در ساغر ما نیست می نابِ دل‌آرا
خوش آی بهارا

یک شاخه گل از بلخ ببر سوی بخارا
باهم برسان این همه دل‌های جدارا
خوش آی بهارا

سالی شده در سردی هجر تو نگارا
آغوش بگیر جسم زمستانی مارا
خوش آی بهارا

پر کرده گل و لاله و نسرین همه جارا
بلبل ز بر گل ببرد دل به مدارا
خوش آی بهارا

گل ریز شود ده و دیار تو دیارا
بادا به تماشای تو این روز گوارا
خوش آی بهارا

۱۴۰

نه سر زیباست
نه تن زیباست
نه در چشمم چمن زیباست
اگر زیباست وطن زیباست
وطن زیباست
وطن زیباست

نه دشت گل
نه هم سنبل
نه صحرا و دمن زیباست
اگر زیباست وطن زیباست
وطن زیباست
وطن زیباست

نه آواز شبانگاهی
نه دریا و نه هم ماهی
نه باغ نسترن زیباست
اگر زیباست وطن زیباست
وطن زیباست
وطن زیباست

نه ابر نیلگون و باد
نه ساز ارغنون شاد
نه پژواک و سخن زیباست
اگر زیباست وطن زیباست
وطن زیباست
وطن زیباست

نه تاج و تخت سلطانی
نه شمع و نی زرافشانی
نه شوق شه‌شدن زیباست
اگر زیباست وطن زیباست
وطن زیباست
وطن زیباست

نه جام می
نه سوز نی
نه رقص و نی اتن زیباست
اگر زیباست وطن زیباست
وطن زیباست
وطن زیباست

نخواهم جمله دنیا را
نه روم و نی بخارا را
نه مصر و نی یمن زیباست

اگر زیباست وطن زیباست
وطن زیباست
وطن زیباست

نه گلگشت بیابان‌ها
نه عطر لاله‌زاران‌ها
نه آهوی ختن زیباست
اگر زیباست وطن زیباست
وطن زیباست
وطن زیباست

نه رنگ آسمان زیباست
نه چشم آهوان زیباست
نه رنگ یاسمن زیباست
اگر زیباست وطن زیباست
وطن زیباست
وطن زیباست

— تا درود —

برای سفارش کتاب «ضرر در زر» لطفا این لینک را دنبال کنید.

BARMAKIDS PRESS

www.Barmakids.com

ISBN 978-1-7381011-3-9
90000>
9 781738 101139